11시에 뭐하세요?

KB201172

11시에 뭐하세요?

초판 1쇄 발행 2016년 3월 15일

지은이 문승진
발행인 김용환
디자인 정아영
마케팅 이영아
관 리   김담비
총판   비전북 (031-907- 3927)

주소 경기도 안양시 동안구 관양동 1744번지 502호
T. 070-7623-1216   F. 0303-3441-1385
E-mail. halasbook@naver.com

발행처 할라스
ISBN   978-89-967998-5-6   03230

11시에 뭐하세요?

교회는 하나님을 예배하고, 성도를 온전하게 하고, 세상에 복음을 전파하기 위한 존재적 목적을 가지고 있다.

"예수께서 모든 도시와 마을에 두루 다니사 그들의 회당에서 가르치시며 천국 복음을 전파하시며 모든 병과 모든 약한 것을 고치시니라"

교회는 예수님의 사역에 대해 사도적 계승자적 역할을 감당해야 한다. 그런데 지금의 한국교회는 많은 문제로 말미암아 전도의 문이 점점 닫혀가는 안타까운 현실 앞에 서 있다.

이 책은 길을 찾고 묻는 자에게 그들의 마음과 언어로 다가서려고 한 책이다. 구원의 소망을 묻는 자에게 무례하지 않는 교회의 모습으로 그들에게 한 걸음 다가가는 귀한 책이다.

"너희 속에 있는 소망에 관한 이유를 묻는 자에게는 대답할 것을 항상 준비하되" (벧전3:15)

송태근
(삼일교회 담임목사)

삼일교회 60주년 기념으로 문화 예술도시인 대학로에 그레이스 교회를 개척한지 2년이 지났다. 현재 같이 동역하는 한 지체가 이런 말을 했다. "주님이 그레이스교회의 핸들을 잡으셨습니다." 다른 어떤 말보다 위로가 되었다.

초보 개척목사에게 2년은 전적인 무능함을 경험하는 시간이 되었고 앞으로도 계속해서 다듬어져야 할 모습이 있을 것이다. 하나님께서 어떤 모양으로 인도해 주실지 전혀 가늠할 수 없지만 한 가지 분명한 것은 하나님은 선하시고 모든 것을 합력해서 선을 이루어 나가시는 분이라는 것이다. 5년 전에 출간된 책을 재개정 하게 되었다. 벼는 익을수록 고개를 숙인다고 했는데 책을 다시 꺼내 읽어 보니 덜 익어 고개를 많이 숙이지 못한 모습이 글 곳곳에 드러났다. 부끄러웠고 재개정 제의를 받고도 오랫동안 망설여졌다. 그러나 그럼에도 불구하고 이 책을 다시 재개정 하게 된 것은 개척교회 현장에서 만나게 되는 하나님을 믿지 않는 사람들의 질문과 그들의 관점에 대해 이 책이 어느 정도의 유용성을 가지고 있다는 것을 느끼게 되었기 때문이다.

미래성도를 단계별로 구분했다고 해서 이것으로 그들에 대한 선입견을 가져서는 안 될 것이다. 전도하는 입장에서 도구적 관점으로만 이해를 하는 것이 유익하다 생각한다.

아무쪼록 이 책을 통해 한 사람이라도 예수님을 전하고 알 수 있는 계기가 되어 진다면 더할 나위가 없겠다. 삼일교회와 송태근 목사님에게 감사를 전하고 또한 좌충우돌 하고 있는 부족한 목사를 견디어 주고 지켜봐주는 사랑하는 그레이스 교회 성도들에게 감사를 전한다.

문승진
(그레이스 교회 담임목사)

차례

비신자 유형의 특징

- 이들은 교회, 기독교, 목사라는 말만 나와도 경기를 일으키듯이 무조건 기독교를 싫어한다. 반감부터 가지고 있는 이들은 애당초 귀를 막고 있기에 설득이 잘되어지지 않는다.

- 이들은 공격적인 성향이 크다. 인터넷 상에서 기독교에 대한 부정적인 기사만 뜨면 온갖 포털사이트로 마구잡이로 글을 옮겨댄다. 먹사, 개독교라는 말을 자주 쓰는 수많은 악플러들이 이 단계에 속한다.

- 성경에 나오는 여러 가지 사건들이 신화나 허구라고 생각한다.

- 이들은 주로 "신이 있다면 인간에게 왜 죄를 허용해서 불완전한 세상을 만들었나?"라는 창조기원에 관한 그럴듯한 질문을 던진다. 하지만 이 질문에는 기독교의 모순을 증명하며 하나님 존재 자체를 부정하겠다는 악한 의도를 가지고 있다.

- 실제 기독교나 교리에 대해서는 무지한 경향이 크다.

- 이들은 기독교 교리에 대해서는 잘 모르지만 기독교를 싫어하는 데에는 분명한 이유를 들고 있다. (주로 교회나 기독교인 욕을 많이 한다.)

- 자기 의지적인 사람들이 많다. 지성인, 부자, 성공을 이룬 사람들 중에서 상당 수 찾아 볼 수 있다. 그래서 이들은 기독교인들을 '신을 의지하는 무능력한 인간'이라고 생각하기도 한다.

- 천국과 지옥에 대한 내세관을 믿지 않는다.

1

무조건 기독교를
싫어하는 사람들

초인종을 눌러대며
예수 믿으세요 오~~노

I

햇살이 나른한 공휴일 늦은 아침이다. 수혁씨는 조금 더 자고 싶은 마음이 굴뚝같았지만 어김없이 신호를 보내는 배꼽시계 때문에 어쩔 수 없이 무거운 몸을 겨우 일으킨다.

32살의 미혼인 수혁씨는 직업 특성상 토요일 일요일 할 것 없이 계속 바빴다. 특히 최근에는 연일 계속된 야근에 몸은 이루 말할 수 없이 피곤한 상태이다. 모처럼 찾아온 휴일은 그야말로 애인보다도 더 반갑고 달콤하다. 대충 빵으로 아침을 해결하고 텔레비전을 보려고 한손으로 리모컨을 든 채 소파 깊숙이 몸을 잠근다.

'그래! 바로 이거야! 이렇게 혼자만의 시간을 가지고 싶었어.'

하지만 그의 깊은 안락함은 한 시간채 지나지 않아 지나지 않아 낯선 이의 방문으로 깨지고 만다.

"딩동! 딩동!"

"누구세요?"

"저기, 잠깐만 문 좀 열어 주세요."

무슨 일인가 싶어 문을 열어주자 근처에 있는 교회에서 전도를 나왔다고 한다.

아차! 싶었다. 오늘이 일요일이었음을 순간 잊고 있었던 것이다.

"죄송합니다. 지금 좀 바빠서요."

"아니, 조금만 시간을 내 주세요!"

"아닙니다. 다른데 가세요!"

쾅하고 문을 닫았지만 내심 미안한 마음이 들었다. 어머니뻘 되는 분을 잡상인 몰아낸 듯해 그때부터 마음이 내내 불편하다. 그날 오후 또한번의 전도자들이 벨을 눌러댔고 그는 더 이상 상대하기 싫어 집에 아무도 없는 냥 TV 소리를 줄이며 그들이 가기를 조용히 기다렸다. 그의 달콤한 휴일기분은 이미 망쳐버렸고 마음속으로는 짜증이 불끈 올라왔다.

비신자의 입장에서 본다면 충분히 공감이 되어질 이야기이다. 아니 비신자 입장뿐 아니라 누구라도 초대하지 않은 사람들이 불쑥 찾아와 자신의 시간과 공간을 침해 한다면 상당한 불쾌감을 느끼게 될 것이다. 시대가 점점 도시화 되면서 사람들은 자신의 사생활과 공간에 있어 더 개인적으로 바뀌었다. 바로 옆집의 택배 물건을 받아 주는 것조차도 꺼려할 만큼 개인적인 사회가 되었다. 현대인들은 자신만의 공간에서 누구의 간섭도 받고 싶어 하지 않는다. 그것은 자신의 집에서 살고 있는 한 그들이 주장 할 수 있는 권리이기도 하다. 가령 그들의 집에 중요한 손님이 찾아와 있을 수도 있고, 가장 편안한 차림으로 혼자만의 시간을 즐기고 있을 수도 있을 것이고, 아이를 조용히 낮잠 재우고 있거나 밀린 회사업무를 집에 가져와 하고 있기도 할 것이며, 중요한 시험을 앞두고 공부에 몰두 하고 있기도 할 것이다. 이런 삶을 살고 있는 현대인들에게 요청하지 않은 낯선 이의 방문은 분명히 당황스럽고도 불쾌한 일일 것이다. 그런 와중에 축호 전도를 하는 사람들을 향한 그들의 눈빛은 더욱 곱지 않다. 이들이 축호 전도자를 바라보는 마음은 무엇일까?

우선은 앞에 언급한 대로 개인의 사생활을 침해 받고 싶지 않는 마음이 있다. 초대하지 않은 낯선 이의 방문은 심하게는 이들에게 예의를 모르는 침입자로 인식 되어지고 특히 강요하는 듯한 이들의 전도방법에 깊은 반발심과 경계심을 가지게 한다.

또 한 가지는 이들에게 '또 왔어?' 라는 지겨움이 인식되어져 있다. 특히 사이비종교에서 축호전도를 많이 하고 있는데 그들의 모습을 자주 보아왔기에 축호전도에 대한 거부감이 크고, 비신자들이 보기에는 기독교 역시 자신의 도를 강요하는 종교에 지나지 않는다고 생각한다. 이들에게는 축호전도자들이 그저 지겹고 불편한 존재에 지나지 않는다.

이들이 표면적으로 드러내는 이유에는 강요받기 싫음, 사생활 침해, 지겨움, 불쾌함 등이 있지만 사실 가장 근본적인 이유는 전도의 내용 자체에 대해 관심이 없다는 것이다. 사람은 자신의 필요를 따라 움직이는 존재이다. 물건을 파는 방문판매자가 마음에 들지 않아도 꼭 사야할 물건이 그 판매자에게만 있다면 자기 집의 문을 먼저 열고 들어오라고 하지 않겠는가? 현대인들이 듣고 싶어 하는 말은 "이것이 진리입니다" 라는 소리가 아니다. 그들은 "이것이 나에게 꼭 필요하다" 라는 스스로의 요구가 먼저 우선 되어져야 한다. 한마디로 실용주의 생각을 가지고 있는 현대인들에게 전도의 내용은 아무런 관심거리가 아니다.

그렇다면 이들을 향해 어떤 모습으로 다가서야 하는가?

첫째, 강요하지 말아야 한다.

오래전에 고구마 전도법이 유행한 적이 있었다. 복음을 전한 후 각 사람의 반응에 따라 고구마 익은 정도로 나누었는데 그렇게 따지자면 축호전도를 극도로 거부하는 사람들은 사실상 딱딱한 생고구마에 들어간다는 것이다. 생고구마는 젓가락으로 찔러도 들어가지 않고 곁에서 맴돌거나 튕겨져 나가, 가만히 익어가기를 기다리는 것이 중요하다는 요지였다. 한 영혼이 믿음을 가지고 복음을 받아들이는 데에는 여러 환경과 물리적 시간의 과정 또한 필요함을 표현한 것이리라. 이것은 바로 모든 것은 다 때가 있다는 것이다. 다만 이들이 인생의 어떠한 순간에 하나님을 향한 관심이 생기기를 기도하고 그 기회 얻기를 기도하는 것이 필요하다. 현관문을 열어 보지도 않고 관심이 없다며 냉담한 반응을 보이는 이들 앞에 소리를 지르고 강요를 한다면 오히려 이들의 마음은 복음을 향해 더 닫고자 할 것이다.

예수님 또한 제자들을 전도 보내실 때 상대방이 영접도 하지 않고 전도할 말을 듣지도 않는다면 그 집이나 성에서 나가 발의 먼지를 털어버리라고 말씀하셨다.

그렇다고 축호전도를 그만 두어서는 안 된다. 성령이 어떻게 역사할지 모르기 때문이다. 반기지 않을 많은 사람들이 있지만 그 중에서도 간혹 복음에 관심을 보이는 이들이 있기 때문이다. 다만 방법에 있어서 강요나 무례가 없어야 할 것이다.

둘째, 접촉점이 중요하다.

평소 비기독교인을 대상으로 다양한 조사, 통계를 내고 있는 미국의 저명한 교회 성장 통계학자 조지 바나는 'The Barnar Report' 에서 비기독교인이 교회를 가지 않는 이유 중에 하나가 교회가 자신의 원하는 것에 부응하지 못하기 때문이라고 말했다. 앞서 언급한 대로 사람들은 복음에 대해 스스로의 필요와 관심을 느끼지 않아 자신의 집 문을 열어주지 않는다. 실용주의 시대이자 소비자 중심사회를 살아가는 현대인들에게 자신에게 원하는 바를 충족시키려면 무엇보다 그들의 부응하는 관심을 끌어줌이 필요하다. 접촉점이 중요하다는 말이다.

예전 삼일교회에서는 일본선교를 할 때 일본의 각 지역에 있는 여러 교회와 연계사역을 했다. 특별히 오사카 지역에서 젊은이 대상으로 200명 정도의 부흥을 이룬 모교회가 있었다. 개신교 비율이 1% 미만인 일본에서 200명이 모인다는 것은 상당히 놀라운 일이다. 이 교회는 젊은이 사역이 왕성하게 이루어지는 교회인데 이들은 지역인근에 있는 몇 개의 대학교에 클럽을 만들어 놓은 후 영어수업이나 여러 가지 강좌를 통해 우선적으로 학생들의 관심을 끈다. 동시에 교회에서는 매주 금요일 펑키파티(일종의 전도 축제)를 열어 클럽을 통해 연결된 학생들이 찾아와 푸짐한 식사와 함께 소그룹으로 모임을 갖기도 하고 그들의 눈높이에 맞춰진 설교를 하며 자연스럽게 예배의 자리로 이끈다. 이 교회가 나름대로 부흥을 하는 이유는 여러 가지 이유가 있겠지만 여기서 우선 살펴볼 부분은 젊은이들의 관심을 충족시켜주는 다양한 소재와 자연스런 접촉점이 중요했기 때문이다. 이들은 전도에 대해 강압적인 방법보다 이들의 관심과 필요를 채워주며 스스로 오게 하는 것이었다.

나 역시 예전에 대만에서 한 50대 여성을 전도하면서 '한국 요리 특강'이 효과적임을 알게 되었다. 방문 전도를 나갔을 때 처음에는 경계를 풀지 않던 그 여성에게 '한국 요리 특강'을 소개해 주자 지대한 관심을 보이며 그날 저녁 교회에 찾아왔다. 그녀는 요리특강을 관심 있게 들은 후 선교팀원의 간증까지 진지하게 듣고 집으로 돌아갔다. 뿐만 아니라 그녀는 며칠 뒤에 있는 코리안 파티(전도축제)에 찾아 왔고 바로 그날 영접기도를 따라했다. 놀라운 것은 그 다음해에 다시 그 교회에 찾아 갔을 때 한해 전에 전도했던 그 여성이 교회에 앉아 있는 것이었다. 1년 동안 교회에 꾸준히 다니고 있었던 것이었다.

　'한국 요리 특강'을 하는 날 그 여성뿐 아니라 교회를 다니지 않는 다른 사람들도 많이 찾아왔는데 주 연령층이 40~50대 가정주부들이었다. '한국 요리 특강'은 이들에게 굉장한 매력을 주었다. 마침 대만에 불고 있는 한류 열풍과 '대장금'을 통한 한국음식에 대한 높은 관심이 전도하는데 있어서도 큰 상승효과를 주었다. 이처럼 먼저 사람들의 관심을 끌어주면 이들은 필요에 의해 스스로 찾아오게 된다.

　성경에 보면 물을 길러온 사마리아 여인 이야기가 나온다. 예수님은 바로 천국 복음을 선포 하실 수도 있었지만 그런 방법을 취하지 않으셨다. 물이라는 매개체를 시작으로 점점 복음의 핵심으로 대화를 이끌어 가셨다. 예수님은 그녀의 관심사를 이미 꿰뚫어 보셨다. 바로 다섯명의 남편으로도 채워질 수 없는 영원한 목마름 이었다. 그런 그녀에게 영원히 목마르지 않는 생수는 그녀의 마음과 귀를 충분히 열게 했고 반응하게 했다. 그 후 그녀는 심오한 영적진리까지 닳음질 하게 되었다.

　축호전도를 극도로 거부하는 이들은 사실상 복음을 가장 받아들이기 힘든 단계에 속한다. 특별한 계기가 아니고서는 사실 이들이 하루아침에 복음을 받아들이지는 않는다. 하지만 개인주의와 실용주의를 살아가고 있는 이들의 눈높이를 맞추어 매력적으로 다가선다면 어느 순간 이들이 조금씩 복음에 근접해 갈 것이다.

예수 천당! 불신 지옥!

|

유행과 패션이 흐르는 서울 중심의 한 번화가.

그곳에는 톡톡 튀는 개성과 화려한 옷차림, 즐비하게 늘어진 갖가지 잡화들과 상점, 리듬을 타게 하는 음악, 거리를 활보하는 눈부신 젊음과 세련됨이 있다.

그곳에 다소 어울리지 않은 한 사람이 있다. 약간은 남루해 보이는 옷을 입고 한 손에는 확성기 또 다른 한 손에는 선명한 글자의 피켓을 들고 있다. 초점 한번 흔들리지 않는 그의 눈동자와 표정은 광기 어릴 정도로 비장해 보였다.

"예수 천당! 불신 지옥!!"

"회개하라! 천국이 가까웠다!"

익숙한 듯 사람들은 그의 주변을 알아서 피해 간다. 그 번잡한 거리에서 그와 어깨한번 부딪히지도 않는다. 그와 사람들의 거리감은 언뜻 봐도 알 수 있을 정도이다.

첨단의 시대를 살아가고 있는 요즘 그야말로 최첨단의 유행을 달리고 있는 도심의 번화가에서 이런 장면을 보게 된다면 사실 기독교인들조차도 고개를 돌리고 싶을 때가 많이 있다. 비신자들과는 또 다른 입장이겠지만 '과연 저렇게 복음을 전하는 것이 옳을까?' '오히려 복음의 장애가 되지는 않을까?' 등 여러 가지 생각이 떠올라 마음이 편하지가 않다. 특히 그런 모습을 비신자 친구와 같이 보게 되었을 때는 더욱 민망한 마음이 들어 착잡해 진다.

비신자들 입장에서 그 번잡한 거리에서 그와 어깨한번 부딪히지 않을 정도의 그 거리감은 과연 무엇인가?

우선은 이질감이다. 화려한 도심 가운데 요즘 시대에 맞지 않는 옷차림 하며, 이해할 수 없는 성경의 구절들, 그리고 사람들의 반응 따위는 염두 해두지 않는 그들의 태도에 사람들은 낯설음과 이질감을 느낀다. 더 나아가 문화적이지 못하다 생각한다. 무언가 같은 시대에 반응하고 있지 않고 상대방과 교감을 나눌 수 없는 특이한 사람 같아 보인다.

동시에 일방적으로 '예수 천당! 불신 지옥!'을 외쳐대는 사람들을 보며 무례한 사람으로 생각되어 진다. 그들은 마치 하나님의 심판이 그곳을 지나가는 사람에게 지금 당장 불벼락처럼 떨어질 것처럼 이야기 한다. '회개하라! 천국이 가까웠다!'라는 말은 사람들에게 마치 저주를 내리는 것처럼 느끼게 한다.

또한 '예수 천당! 불신 지옥!'이라는 슬로건 자체에 거부감을 나타내 보이기도 한다. 현시대는 상대방의 종교와 생각과 삶의 스타일을 인정하자는 다원주의 시대이다. 그것이 현시대가 공감하는 관용이고 미덕이며 교양이라 한다. 이런 현시대의 사람에게 '예수 천당! 불신 지옥!'이라는 슬로건은 그 자체로 우악스러움을 주고 마치 교양 없는 사람들의 행동인 것처럼 느끼게 한다.

이런 마음은 더 나아가 기독교 자체에 대한 부정적인 마음을 가지게 한다. 교회를 다니게 되면 거리에서 외치는 그들과 같은 부류가 되는 것이 아닌가 싶어 선뜻 교회에 가기를 꺼려하는 것이다. 그래서 더더욱 '저런 종교라면 교회는 정말 매력 없는 곳이야'라는 쪽으로 마음을 먹게 된다. 그렇다면 과연 이들에게 어떻게 다가서야 하는가?

첫째, 교회를 향해 잘못된 선입견을 가진 것을 알려줄 필요가 있다.

안타까운 이야기이지만 '교회는 거의 다 저래!' 라고 생각하는 사람들이 의외로 많이 있다. 물론 잘못된 선입견이다. 산을 이루고 있는 것은 나무뿐만이 아니다. 버섯도 있고 온갖 야생의 풀들도 있다. 마찬가지로 하나님을 믿는 신앙의 표현 또한 다양하다. 다소 문화적이지 못해보이거나 강해 보이는 모습이 있는가 하면 세상 가운데 자연스럽게 녹아들어 향기로움을 느끼게 하는 교회의 모습이 훨씬 더 많이 있음을 알려 주어야 한다.

둘째, 상대를 존중하는 태도로 다가서라.

1단계의 많은 사람들은 기독교의 내용을 떠나 상대방을 존중하지 않는 기독교인들의 극성스런 행동을 싫어한다. 이것은 마치 억지로라도 자신의 이야기를 들으라고 확성기를 상대방의 귀에 갖다 대는 것과도 같은 모습이다. 누가 이런 모습을 보며 매력을 느끼겠는가?

복음에 대해 관심조차 없는 1단계 사람들에게는 내용보다 이미지로 다가서야 한다.

셋째, 문화적인 수준을 맞추어야 한다.

'예수 천당! 불신 지옥!'식의 접근법은 한국교회가 과거 성장기였던 6,70년대에 적합한 전도방법이었다. 당시의 국민들의 지적수준과 사회문화 그리고 기독교의 사회개발에 기여한 많은 좋은 이미지와 더불어 한때는 적절한 전도방법 중 하나였다. 하지만 이미 지적수준이나 문화적 수준이 높아진 현 시대에는 조금 더 수준을 맞춘 전도 방법이 필요할 것이다. 사도바울 또한 더 많은 영혼을 얻기 위해 상대의 수준에 맞추어 복음을 증거 했다.(고전9:19-20)

교회가 비신자들과 핵심진리를 공유하기 위해 조금 더 그들의 필요를 알고 문화적인 측면에서 수준 있는 대안을 준다면 보다 많은 비신자들이 기독교와 교회에 대해 조금은 더 긍정적인 반응을 보일 것이다.

내가 왜 죄인?

1

36살의 창우씨는 평범한 셀러리맨이다. 작년까지 눈코 뜰 새 없이 바쁘다가 최근에 부서 이동이 되면서 그나마 숨 쉴 여유가 조금은 생겼다. 점심시간이 되어 밖에 나와 식사를 해결한 후 햇살도 좋고 담배도 한대 피울 겸해서 건물 앞 화단에 자리 잡고 앉았다. 그 주변으로 여러 명이 삼삼오오 늘어지듯 앉아 다들 약속이나 한 듯 각자 자기 담배에만 열중하고 있다. 그때 어떤 남자가 조심스럽게 다가오는 것이었다.

"교회에서 나왔습니다. 혹시 사영리를 들어 본 적이 있습니까?"

좀 당황스러웠다. 보통은 주말에 서울역 앞에서나 마주칠 법한 사람이 평일에 그것도 오피스가 밀집한 지역에서 전도를 하고 있다는 사실에 다소 생소함과 당황스러움을 느꼈던 것이다. 그 주변에 앉아 있는 사람들은 이미 눈치를 챘는지 슬슬 자리를 털고 일어나는 분위기였다. 평소 같았으면 그 역시 건조한 얼굴을 하고서 단번에 거절했을 텐데 갑자기 무슨 마음이 들었던지 일단은 피하지 않았다. 솔직히 교회를 다녀본 적이 없었기에 그 사람들이 무슨 말을 하는지 조금은 궁금하기도 했고 또 한편 말장난을 치고 싶기도 했다.

전도자는 "하나님은 당신을 사랑하십니다." 로부터 시작해서 시종일관 진지하고 열정적인 자세로 이야기 하고 있는데 그의 귀에 자꾸만 거슬리는 말이 있다.

"당신은 죄인입니다."

절대 동의하고 싶지 않았다. 그의 기본적인 생각은 이랬다. 물론 어렸을 때부터 거짓말을 한 적도 있고 친구랑 다툰 적도 있었지만 과연 그것이 죄인가? 현행법을 어긴 적도 없는데 왜 나를 죄인이라 말하는가? 도대체 누가 무슨 자격으로 나를 죄인으로 취급하는가? 사람은 태어날 때부터 죄인이라는 말은 믿지 않는다. 어쩌다 현행법에 걸려 죄인이 되는 사람들이 있기도 하지만 적어도 인간은 태어날 때만큼은 선하게 태어난다고 생각한다. 환경을 통해 어쩔 수 없이 법적 죄인이 되었을 뿐이다.

그는 더 이상 듣고 싶지 않았다. 동의할 수 없는 말을 전제로 해서 하는 것이라면 더 이상 들을 이유가 없었다. 그것은 완전한 시간낭비였다. 근무시간이 되었다는 핑계를 대며 자리를 털고 일어선 그의 표정은 어떤 결론을 내는 듯 했다.

'그럴 줄 알았어. 기독교는 시작부터 틀렸어. 내가 죄인이라니. 말도

안 돼!'

　요즈음 보통의 사람들은 죄라는 단어를 떠올리면 법에 저촉된 행위를 하는 것이라고 생각 한다. 물론 살면서 양심에 거리낄 것이 없는 사람이 없겠지만 그런 것은 그냥 살면서 늘 상 일어날 수 있는 일이고 작은 실수 즈음으로 생각한다. 한마디로 현행법만 잘 지키면 되고 전과자가 되지 않으면 된다고 생각한다. 혹 교통위반을 했더라도 벌금을 충분히 물면 된다고 생각한다. 이런 이들에게 '당신은 죄인입니다'라고 선언을 한다면 대부분은 실없는 사람이라며 웃어넘기거나 혹은 그 반대로 불쾌해 할 것이다. 왜냐하면 이들은 스스로를 법적인 테두리 안에서 적당한 질서를 가지며 살아가는 선량한 시민이라고 생각하기 때문이다.

　한 가지 재미있는 사실은 그래도 예전에는 '당신은 죄인입니까?'라고 질문을 던졌을 때 대부분은 '뭐......그렇죠' 라며 씁쓸한 인정이라도 했다. 거짓말조차도 죄라고 인정하는 선한 양심과 사회적 분위기가 있었기 때문이다. 선한 양심은 일종의 절대적인 도덕성이라 말할 수 있다. 하지만 요즘은 그러한 질문에 오히려 반박할 사람들이 더 많이 있다. 바로 상대적인 도덕성이 사회적 풍토가 되면서 죄를 규정지음이 더욱 모호해 졌기 때문이다. 한마디로 인간의 기본적인 양심을 따라 죄에 대한 구분이 서는 것이 아니라 상대적인 가치에 의해 자신의 양심의 수위를 맞추기에 죄에 대해서도 더욱 관대해지고 무감각해 지는 것이다.

그래서 자신이 죄인이라는 사실에 동의를 하기가 어려운 것이다.

그렇다면 기독교 복음의 가장 전제적인 것조차 인정하지 않는 이들에게 우리는 어떠한 태도를 가지고 다가서야 하는가?

먼저 전도자가 죄에 대해 정확한 정의를 숙지해야 한다.

정확하게 개념을 알면 응용이 쉽다. 1단계에 속한 사람들은 기독교에 대해서 피상적인 사실을 알 뿐, 정확하게 교회에서 말하는 죄가 무엇인지 잘 모른다. 나타난 현상만을 보고 죄라고 규정한다.

죄는 단순히 도적질 하고 나쁜 짓을 저지르는 것이 아니다. 성경에서 말하는 죄는 하나님께 대한 불순종을 말하는 것이며 불의, 추악, 탐욕, 시기, 살인 이런 것들은 하나님을 떠한 사람들의 상태로 봐야 한다. 복음주의 신학자인 김세윤 교수는 '죄'의 본질은 하나님에 대한 인간의 옳지 않은 태도라고 정의 하고 있으며 올바른 관계를 깨드리는 것은 인간의 '자기를 주장하려는 의지'의 발로의 결과라고 말하고 있다. 즉 인간이 창조주 하나님께 대해 독립을 선언한 것임을 말하고 있다.

인간은 죄의 문제를 해결하려고 돈, 섹스, 권력, 인기 등으로 노력하지만 진정한 만족을 누릴 수 없다. 왜 그러한가? 그것은 제한된 자원에 불과 하기 때문이다. 영원한 의존자이자 공급자 이신 하나님께로부터 벗어나 제한된 생명과 제한된 자원으로 살아가지만 곧 죽음이라는 현실에 직면할 수 밖에 없는 그 상태가 바로 죄의 결과물인 것이다. 인간은 타고날 때부터 죄인으로 태어났기 때문에 이 죄의 결과물로부터 자유 할 수가 없고 해결할 능력 또한 갖추고 있지 않다. 다윗은 시편 51편 5절에 '내가 죄악 중에 출생하였음이여 모친이 죄 중에 나를 잉태 하였나이다'라고 말하고 있다. 죄의 문제는 오직 예수님의 죽음으로만 해결되어질 수 있다. 예수님을 영접하면 죄의 문제로부터 자유로울 수 있고 뿐만 아니라 영원한 생명을 얻게 된다.

우선 이들에게 죄에 대한 분명한 개념을 숙지 시켜 주는 것만으로도 훌륭하다. 실제로 새가족 교육을 하며 비신자들에게 죄에 대한 정확한 개념과 방법을 알려주자 이들로부터 수긍하는 반응을 많이 보아 왔다.

또 한 가지는 성령께 맡기는 것이다.

굳어진 양심과 죄성을 파괴하는 능력은 인간에게 없다. 오직 성령만이 가능하다. 특별히 죄에 무감각해진 그들을 향해 성령의 도우심으로 그들의 마음을 열어 달라고 기도하는 것이 가장 시급하다. 기도 없이 전도하지 말라는 말이 있다. 1단계 유형사람들에게 흘러넘치는 기도로 무장하고 만나자. 나 역시 복음에 강한 저항심을 가진 이들을 만나게 되면 긴장스러울 때가 있다. 그럴 때는 이들의 마음을 열어달라고 하나님께 간절히 기도를 한다.

"그 중에 이 세상 신이 믿지 아니하는 자들의 마음을 혼미케 하여 그리스도의 영광의 복음의 광채가 비취지 못하게 함이니 그리스도는 하

나님의 형상이라."(고후4:4)

사람이 하나님을 믿지 못하는 것은 이 세상의 신 즉, 악한 영의 역사이다. 악한 영이 사람들의 마음을 혼미케 해서 복음을 듣지 못하는 것이다. 성령께서 이들의 마음을 열어주시도록 구함으로 나아가자.

마지막으로 억지로 설득하려 들지 말라.

스스로 죄인임을 부정하며 마음을 열지않는 이들에게 억지로 설득하려 들면 안 된다. 그것은 자칫 말다툼으로 갈 수 있다. 아직 때가 되지 않았기 때문이다. 전도에 대한 부담을 벗어 버리고 오히려 상대방의 이야기를 경청해 주어라. 진지하게 경청하다 보면 상대방의 필요가 무엇인지 알게 될 것이고 지속적으로 교제 하는 동안 복음을 전할 기회가 생길 것이다. 이것은 소극적인 방법이 아니라 '이보 전진을 위한 일보 후퇴'이다.

몇해 전 늦은 밤에 친구로부터 한통의 전화를 받았다.

어린 시절에는 둘도 없이 친한 친구였는데 성장한 후 서로의 종교 차이를 인정하면서 부터 서서히 멀어지기 시작했다. 하지만 여전히 서로 간에 인간적인 끈끈함은 남아있었다. 그는 비록 기독교인은 아니었지만 자신의 인생을 굉장히 열심히 살아가는 친구였다. 공부를 꽤나 잘 했는데 가정형편이 어려워 고등학교 졸업하자마자 직장생활을 하며 스스로 등록금을 마련해 대학공부까지 마쳤다. 그 후, 그의 인생은 그야말로 탄탄대로였다. 우리나라 최고 대기업에, 빠른 승진에, 고소득에, 안정된 직급. 뿐만 아니라 똑똑한 부인에 탄탄한 가정생활까지… 친구들 중 어느 누구 하나 그를 부러워하지 않는 사람들이 없었다. 사실 이 친구의 치열하게 살아가는 모습을 보면 그가 현재 누리고 있는 모든 것은 어쩌면 당연한 결과라고 생각 될 정도이다. 그 정도로 삶에 대한 애착과 자기 열심히 강한 친구였다. 언젠가 그 친구와 신앙적인 이야기를 나누어 본 적이 있었는데 기독교에 대한 마음이 곱지 않았다. 기독교인들을 스스로 죄인이라 고백하며 수동적인 삶을 살아가는 유약한 인간으로 표현했다. 처절한 노력과 성실로 일구어온 성공적인 자신의 삶에 '죄'니 '죄인'이니 라는 말은 그저 우습게 들렸던 것이다. 그에게 신앙이 들어갈 자리는 도저히 없어 보였다. 바로 그 일이 있기 전까지는.

"따르릉~ 따르릉~"

"여보세요?"

"승진아, 나다…"

"어! 그래. 오랜만이다."

"제수씨는?"

"어…있지."

"그래… 너 혹시… 지금 통화 가능하냐?"

미기적 하는 걸로 봐서 무언가 할 말이 있어 보였다. 그러다가 갑자기 대뜸 물어보는 말이 의외였다.

"야! 뭐 한 가지 물어보자. 정말 하나님께 기도하면 들어주시냐?"

너무나 갑작스러워 처음에 당황하다가 한참을 통화한 후에야 전후 사정을 알게 되었다. 아무런 문제조차 없을 줄 알았던 그의 가정에 이혼의 그림자가 드리우기 시작했던 것이었다. 오랫동안 있어 왔던 부부 간의 불화가 드디어 터져버렸던 것이다. 별거에 들어 간지 벌써 한달이 다 되어가고 있었을 즈음 이었다. 마침 그때는 우리나라 유명 여배우의 자살로 온 나라가 시끄럽던 시기였고 모방 자살이 잇따를 때였다. 그 친구는 퇴근하고 집에 오면 있어야 할 자리에 없는 아내와 아이의 흔적을 보며 말할 수 없는 슬픔과 외로움, 그리움 그리고 두려움에 시달리고 있었다. 심지어 자살의 충동을 느끼기 까지 괴로웠던 것이었다. 그 동안 부인을 찾아가 용서를 빌기도 했고 달래보기도 했지만 이미 깨진 신뢰가 회복될 기미는 단 1%도 없었다. 도저히 이 문제를 해결할 수 없을 것 같았고 다행히도 그때 생각난 사람이 나였던 것이었다. 나는 통화를 하는 내내 기도하는 마음으로 그 친구와 대화를 나누었다. 동시에 아내에게 지금 기도해 줄 것을 눈짓으로 부탁했다. 그의 인생에 하나님이 드디어 사인을 보내고 있는 것임을 직감적으로 깨달을 수 있었다. 그의 불안함을 이해했고 성경에 있는 구절을 이용해 그에게 희망적인 메시지를 계속 주었다. 그는 계속해서 말씀으로 위로 받기를 원했다. 드디어 사영리의 복음을 증거 하자 그가 받아들이기 시작했고 자신이 죄인임을 인정했다. 나는 그때의 놀랍고도 짜릿한 순간을 아직도 잊을 수 없다.

그 친구는 그 후로 진짜로 배고픈 갓난아기가 어미의 젖을 정신없이 먹는 것처럼 영적인 진리에 대해 끊임없이 허기를 가지고 주린배를 채웠다. 추천해 주는 책을 다 읽는가 하면 스스로 교회에 까지 찾아갈 정도였다. 부인도 그 당시 그의 진정어린 변화를 알아차리고 관계가 회복되어지기까지 희망의 끈을 놓지 않았다고 지금에서야 고백을 하는 것을 들을 수 있었다. 다행히 지금은 부부관계가 회복되어져서 잘 살고 있지만 그 당시 별거중이었던 상태에서 그가 했던 고백은 놀랍기 그지없었다. 그 스스로 말하기를 "자신이 신앙적으로 성숙되기 전에 부부가 다시 합친다면 또 다시 예전의 삶으로 돌아갈 수 있기에 힘들지만 더 나은 때를 위해 기다리는 것도 나쁘지 않다"는 고백을 했다는 것이다.

만약 예전에 이 친구에게 기독교 진리를 전한다는 이유로 논쟁이나 억지설득을 했으면 그 당시 준비가 되어 지지 않는 그와 감정의 골만 깊어졌을 것이다. 하지만 어느 날 기적과 같은 일이 일어났다. 성공적인 인생 계획표에 없었던 부부간 불화가 결국 나를 생각나게 했고 마지막에는 자신이 죄인임을 고백하게 했던 것이었다. 놀라운 하나님의 은혜가 아닐 수 없다. 또한 성령의 능력을 의지하지 않았다면 통화하는 그 순간 그의 마음을 터치해 줄 정확할 말씀이 떠오르지 않았을 것이다.

나름의 성공을 일구며 자신의 인생을 성실하고 모범적으로 살아온 사람들에게 죄의식이 들어갈 자리가 별로 없다. 또한 악한 것과 죄에 대해서도 적당한 타당성을 부여하는 이 시대에 죄에 대한 민감성을 가지고 살아가는 것은 쉽지 않다. 하지만 개인의 인생 가운데 하나님의 계획하심이 시작되면 결국 죄라는 문제 앞에 하나님과 독대하게 된다. 그 때를 위해 전도자들은 성령의 능력을 덧입고 유연한 태도와 지혜로운 말을 준비하고 있어야 할 것이다.

악한 하나님 VS 선한 하나님

I

"뉴스 속보를 말씀드리겠습니다. 오늘 오전 7시 45분 대구 지하철 공사장에서 가스관이 폭파하여 수많은 사람들이 참사 당했습니다. 이 사고로 출근하는 사람들과 등교하는 학생들의 인명피해가 속출했습니다. 이 사고는....."

"외신입니다. 소말리아 지역의 오래된 내전으로 굶어 죽는 사람이 점점 늘어나고 있습니다. 대부분이 어린아이들이며....."

"얼마 전 인도네시아 수마트라섬에서 발생한 진도 9.0의 강진은 쓰나미를 몰고 와 인근 여러 나라들에 여파를 미쳐 23만명의 사망자와 500만명의 이민자를......"

"바그다드 서부 지역에서 오늘 새벽 자살 폭탄 테러가 발생해 22명이 숨지고 적어도 40명이 부상을 당했다고 이라크 경찰이 밝혔습니다. 외신에 따르면......"

뉴스를 통해 국내, 국외 할 것 없이 하루에도 몇 건씩 터지는 사건소식들을 전해들을 때마다 마음이 착잡해 지고 가슴이 아플 때가 한 두번이 아니다. 전쟁이나 테러, 기아, 자연재해, 대형사고 등으로 인해 무고한 사람들이 죽고 다치고 고통에 빠져 있는 모습들을 보면 정말 안타깝기 그지없다. 그리고 누군가는 이런 질문을 한다.

"하나님이 선하시다 면서 어떻게 인간에게 이토록 가혹한 고통을 허락하시나요?

"하나님이 세상을 창조하셨다면서 세상이 악으로 판을 치는 것을 어떻게 보고만 있나요? 그건 너무 무책임한거 아닌가요?"

"무고한 자의 죽음을 하나님은 어떻게 책임을 지실 겁니까? 그리고도 인간을 사랑한다 말할 수 있습니까?"

가끔씩은 나 역시도 세상 곳곳에 일어나는 비참한 현실과 고통에 거한 이웃들을 보며 위로하는 것조차 상처가 되어 질까 싶어 입이 열리지 않을 때가 있다.

고통과 악의 문제 속에서 과연 하나님은 과연 선하신 분인가? 를 묻는 것을 신학적인 용어로 신정론이라고 한다. 이 신정론은 이미 오래전부터 재기되어져 왔던 부분이다. 예전에는 고통의 문제가 발생 했을 때 그 의문을 따질 수 있는 것은 고통가운데 거한 한 개인과 작은 집단 이었을 것이다. 그러나 사회가 복잡해지고 전 세계에서 일어나고 있는 곳곳의 사건들이 매체를 통해 서로 간에 전달되어짐에 따라 세상의 불합리와 고통과 모순의 문제는 한 개인의 고통으로 끝나지 않고 공감을 이론 사회적인 질문과 응대로 이어져 가고 있다.

여러분이라면 과연 이 고통에 몸부림치며 하나님을 향해 싸늘한 시선을 보내는 우리 이웃들에게 어떤 모습으로 어떤 이야기를 들려 줄 것인가? 이들이 진짜 하고 싶은 말은 무엇이었을까?

이들은 하나님의 존재에 대해 무책임하고 무능하고 무심하다 생각한다. "과연 기독교에서 말하는 것처럼 하나님이 세상을 창조했다면 악이나 고통은 왜 존재하는가? 인간을 사랑한다면서 왜 그것을 처음부터 만들어서 인간을 힘들게 하느냐?"라는 논지를 가지고 있다. 한마디로 "하나님이 인간을 사랑하는 것은 거짓말이다"라고 말하고 있는 것이다. 또한, 하나님이 인간을 만드신 것이 사실이라면 고통의 문제를 해결해 주지 못하는 무능력하고 무책임한 신이라 치부한다. 이들이 이렇게 까지 말하는 근본심리는 무엇일까? 이것은 영적인 측면에서 보자면 '책임증가'와 관련이 있다. 예를 들어 한 조직에서 불미스런 일들이 자주 일어나면 그 조직의 가장 우두머리 수장에게 그 책임을 묻는다. 사람의 심리 가운데 세상에 일어나는 설명할 수 없는 문제들, 그로 인한 고통을 인간에게서 발견하기 보다는 기독교에서 전지전능하다고 말하는 하나님에게 책임증가 하는 것이 죄로 덮여진 인간의 양심을 보다 편하게 하기 때문이다. 이로 인해 결국 하나님의 전능성을 부정하고 싶은 것이다.

그리고 동시에 기독교인들을 향해 질문을 던진다. 세상 여기저기에서 사람들이 고통아래 신음하고 있는데 너희들은 어째서 다른 세계 사람인 것처럼 너희끼리 즐겁고 너희끼리만 행복한가? 라고 묻고 있다. 너도 그 고통을 똑같이 경험해 봐라. 과연 지금처럼 웃고 있을 수 있는지? 그때도 과연 하나님의 뜻입니다 라며 말할 수 있는지 라고 묻고 있다. 그로 인해 네가 믿고 있는 것이 얼마나 허상인지를 들추어내고 싶어 한다. 믿음을 가진 이들을 향해 어리석다 말하며 조롱하려 든다.

　만약 내 친구가, 내 가족이 혹은 내 직장동료가 이런 시선과 이런 말을 한다면 어떻게 할 것인가?

　우선은 이들의 마음을 먼저 이해하고 품어 주어야 한다. 초등학생 수준이 아니라면 이런 질문은 하는 사람들은 다 나름의 이유를 가지고 있다. 벗어나고 싶은데 벗어날 수 없는 개인의 고통, 개인의 의지와 상관없이 어느 날 맞닥들인 사건, 혹은 가까운 지인이 당하고 있는 고통... 분노도 비난도 인생가운데 야기된 고통의 문제를 이해해 보려는 사람들의 이해방식이다. 그동안 고통당하고 있는 이웃들에게 우리 믿는 자의 곁은 너무 멀리 있었다. 내가 받은 은혜와 위로를 말로 전해주기 급급했지 정작 이해받고 싶은 그들의 마음은 너무나 쉽게 치부해 버렸다. 불치 병자에게, 귀신 들린 자에게, 눈 먼 자에게 다가선 예수님의 걸음은 결코 가벼운 것이 아니었다. 죄로 인해 하나님과의 샬롬이 깨어진 상태, 그로 말미암아 야기된 수많은 인생사의 문제들 (병, 죽음, 고통......) 예수님은 죄 가운데 사망의 종노릇 하는 인생에 대한 깊은 긍휼을 가지고 계셨으며 하나님과의 샬롬을 잇기 위해 이 땅에 오셨다. 이들에게 답을 말하기 이전에 예수님의 긍휼하심으로 함께 아파하고 안타까워하고 고통의 소리에 귀를 기울이자. 고통의 문제를 직,간접적으로 겪으며 하나님을 향해 분노하고 믿는자를 향해 비난하는 이들의 속마음은 사실은 답을 찾고 싶어하는 가장 적극적인 표현인 것이다.

그리고 고통을 당하고 있는 이웃을 위해 악과 고통에 관한 기독교적인 관점을 가지고 있어야 한다. 논리적이고 변증적인 메세지는 적어도 고통에 대해 진지하게 물어오는 비기독교인들을 위해서도 필요하고 의도적으로 기독교인을 곤경에 빠뜨리고자 질문해 오는 이들을 위해서도 악과 고통의 기원을 설명해 줄 필요가 있다.

'티타임에 나오는 기독교변증'의 저자 정성욱 교수는 태초에 하나님이 세우신 나라는 두 가지의 질서가 있다고 소개하고 있다. 임의로 먹으라는 명령에 기초한 자유원리와 먹지 말라는 금명에 토대를 둔 순종의 원리이다. 하나님의 나라는 자유의 나라인 동시에 하나님의 신적 권위에 순종하는 나라이다. 바로 자유 안에서의 순종, 순종 안에서의 자유를 누리는 것이 하나님 나라의 질서이자 내용인 것이다.

여호와 하나님이 그 사람에게 명하여 이르시되 동산 각종 나무의 열매는 네가 임의로 먹되 선악을 알게 하는 나무의 열매는 먹지 말라. 네가 먹는 날에는 반드시 죽으리라 하시니라(창 2:16)

이렇듯 하나님께서 사람을 창조 하실 때 자유의지라는 것도 함께 주셨다.

'신국론'을 쓴 어거스틴의 관점을 따르자면 하나님은 사람을 로봇으로 만드신 것이 아니라 자유의지를 가진 인격적 피조물로 만들었다. 하지만 인간이 창조주 하나님이 주신 자유의지를 오용하고 남용 하는데 부터 죄악의 기원이 시작 된 것이라고 말하고 있다.

다시 말하자면 인간을 인격체로 여기시고 자유의지까지 주셨지만 인간이 그 자유의지로 죄까지도 허용을 하고 스스로 죄인이 되었다는 것이다. 그로 말미암아 인간은 길어야 100년이라는 제한된 시간, 제한된 지혜, 제한된 힘, 제한 된 사랑, 제한 된 자원에 의해 인생은 고난으로 얼룩져지게 되는 것이다. 무한한 의존자 이자 공급자이신 하나님과는 완전한 대조를 이루고 있다. 김세윤 교수는 제한되어진 인생을 뽑힌 풀과 같다고 비유했다. 잠시잠깐은 생명을 유지할 적은 수분을 가지고 있으나 곧 말라비틀어지는 풀 말이다. 이미 뽑힌 풀을 생명이 있다고 말할 사람이 있는가? 바로 우리 인생사의 모든 문제가 여기서부터 발생된 것이다.

이 문제에 대해 비기독교인들에게 설명하는 것은 사실 쉽지가 않다. 왜냐하면 인간관에 관한 관점 자체가 다르기 때문이다. 비기독교인들은 대부분 인간의 죄성을 인정하지 않기 때문에 그로 인해 인간사에 오는 문제들도 사회 현상적인 문제로 치부해버린다. 그로인해 국가는 계속된 진화와 진보를 거듭하며 사회문제를 해결하려 들지만 법과 규율, 제도와 도덕성이 인간사에 끊임없이 생산되는 악과 고통에 관한 근본 문제를 해결해 주지 못한다.

그렇다면 기독교에서는 해답을 줄 수 있는가? 그에 대한 답을 20세기 최고의 기독교 사상가로 불리는 C.S. 루이스의 말로 대신 하겠다.

"악의 기원에 관해 깊이 생각하는 것은 나태한 행동이다. 모두가 직면하는 문제는 악이라는 사실이다. 악에 대한 유일한 하나님의 해결책은 예수 그리스도시다."

하지만 이 시점에 한 가지 기억해야 할 것은 변증의 한계를 깨닫는 것이다.

전도자들은 대게 자신이 논리적인 변증만 한다면 사람들에게 설득이 되어 지고 이들의 답답한 속을 시원하게 해 줄 것이라고 기대한다. 물론 그럴 수도 있다. 하지만 변증은 키에르케고르가 말했듯이 '당나귀의 눈앞에 당근을 흔들어 보이는 행동'과 같다.

국제적인 강연가이자 저술가이며 현재 IVF의 전도 자문위원인 레베카 피펏이 '빛으로 소금으로'라는 자신의 책에서 변증에 관해 이렇게 말하고 있다.

"……우리가 구원받는 것은 지식으로가 아니라 하나님의 은혜로 가능하다. 왜냐하면 우리 문제의 핵심은 무지가 아니라 죄이기 때문이다. 비록 누군가에게 기독교는 진리라는 사실을 지적으로 잘 설득했다고 해도 그 사람이 회심하려면 반드시 하나님이 그 추구자의 의지를 일깨워 주서야만 한다."

따라서 기독교 복음에 대한 질문에 대해 정확한 준비를 하되, 기독교 변증의 한계가 있음을 인식하고 모든 것에 합력해서 선을 이루시는 하나님을 의존하는 자세가 필요하다.

내가 아는 사람 중에 외모적으로 봤을 때는 그저 순하고 두루 뭉실해 보이는 것이 전도현장에 나가서 거친(?) 영혼이라도 만나면 도리어 된통 당하고 올 것만 같은 형제가 있다. 아, 그런데 이 형제가 전도 현장에서 의외의 기치를 발휘할 때가 있는데 바로 기독교에 대해 의도적으로 논쟁하고자 하는 사람들 앞에서이다. 이들이 던지는 화두는 주로 이런 것이다.

"세상의 모순들을 보라구!! 전쟁이 일어날 때 하나님은 도대체 어디서 뭐하고 있었냐고?"

"하나님이 선하다면 선악과는 왜 만들었냐고?"

아마도 이들은 이런 질문에 쩔쩔매는 기독교인들을 많이 만나 보았을 것이다. 그래서 또 한명의 전도자를 만났을 때 이런 식의 질문을 던져 상대 기독교인이 당황스러워 하리라 생각했을 것이다. 그런데 착한 얼굴의 이 형제, 얼굴에 여유만만 미소를 머금고 있다. 그리고 거침없이 쏟아지는 방대한 지식과 변론 앞에 오히려 논쟁을 일삼으려 했던 이들의 얼굴에 당황함이 역력해 보였다. 전세가 기운 것이다. 이 정도 되면 이들은 대게 할 말을 잃고 자리를 뜨거나 아니면 다른 걸로 트집을 잡으려 든다. 하지만 여기까지만 해도 충분하다. 이들을 억지 설득해서 완전히 이겨먹을 필요는 없다. 이들 질문의 저변에는 기독교인들의 자존심과 정체성을 흔들려고 하는 의도가 깔려 있기 때문이다. 단지 이들의 의도에 농락당하지 않으려면 조금 더 똑똑한 답변을 준비하고 있어야 한다.

사람들은 "어떻게 하나님이 무고한 인간의 고통을 보고만 계시는가?"라고 말한다. 하지만 하나님 안에서 인간관을 깨닫게 되면 오히려 이런 질문이 생기게 될 것이다. "어째서 하나님은 죄 지은 인간의 악행을 아직도 벌하지 않고 기다리고 있는가?" "어째서 세상의 악이 관연한데 아직도 세상을 심판하지 않으시는가?"라는 질문으로 바뀌게 될 것이다. 그리고 그것은 바로 하나님이 인간과 세상을 향해 오래 참으시고 기다리시는 사랑이라는 것을 깨닫게 될 것이다.

물론 비기독교인들이 이 깨달음을 얻기까지는 전도자의 분명한 성경관 인지와 동시에 변증의 한계를 인정하고 전적으로 하나님의 능력을 구하는데서 부터 시작일 것이다.

믿는 건 나 자신뿐!

I

"택시! 택시"

"일산까지 3만원에 끊어 주세요."

오늘도 직원들 하고 회식 술자리를 가지다 보니 퇴근이 늦다. 시간은 벌써 열두시를 넘기고 있다. 옛날에야 월급쟁이가 제일 편한 팔자라는 소리를 들었지만 요즘에는 어림없는 소리이다. 회사에서 요구하는 일정한 업무성과를 내지 않으면 그야말로 언제 '모가지'가 될지 알 수 없는 한치 앞이다. 모 지점에 있는 입사동기였던 지점장이 어제부로 해고되었다. 회사에서 몇 개월간의 집행유예 시간을 줬지만 결국 성과를 이루지 못해 아웃 된 것이었다.

38세 지용씨는 교육서비스업계 회사의 한 지점장으로 근무를 하고 있다. 그래도 예전에는 고객의 수요가 많아 일하는 재미가 있었다. 하지만 경쟁업체가 많아진 지금 한 사람의 회원이라도 더 유치하기 위해 전력투구를 해야 한다. 그것이 곧 그의 업무성과로 연결되기 때문이다. 그야말로 총탄 없는 전쟁터이다. 하지만 지용씨 역시 사정이 좋아 보이지 않는다.

택시 안에서 그는 의자에 몸을 기댄 채 멍하니 창밖을 내다보고 있다. 술을 마셔 눈이 풀리긴 했지만 그래도 몸을 아주 못 가눌 정도는 아니었다. 시간은 벌써 자정이 지나고 있는데 희미한 전등 아래에서 아직도 과일을 팔고 있는 노점상의 할머니가 보인다. 주름이 패여 쭈글쭈글한 얼굴에 몸을 잔뜩 웅크린 채 졸고 있는 모습을 보니 갑자기 오래전에 돌아가신 어머니가 생각이 났다.

그의 어린 시절은 별로 행복하지 않았다. 태어날 때부터 가난과 맞서야 했고 아버지의 무서운 횡포를 견뎌내야 했다. 철이 들고 나서 그것이 아버지의 알코올 중독으로 인한 결과였음을 알게 되었다. 지독한 가난 속에서 어머니가 온갖 궂은일을 하며 그야말로 입술에 간신히 풀칠만 한 채 살아왔다. 어머니에게 있어서 그는 늘 아버지의 부재를 채우는 아들이었다. 더욱이 장남이었기에 어머니의 기대가 클 수밖에 없었고 그만큼 삶에 대한 애착과 성공에 대한 집념이 컸다. 하지만 한 번도 자신의 삶에 요행이나 운을 바란 적은 없었다. 그러기에는 자신이 가진 배경이 너무나도 약했기 때문이다. 하지만 그대로 주저앉을 수는 없었다. 그 대신 지독한 노력의 결과만은 분명히 있을 거라 확신했다. 세상에 믿을 것은 오로지 자신뿐이라는 생각이 지배적이었다. 그래서 그의 삶은 늘 치열한 전투를 치르는 듯 했고 신(神)이라든지 다른 특별한 힘이 개입할 자리는 없었다. 실제로 그렇게 성공을 향해 한 걸음씩 나아갔고 그것은 철저한 자신의 노력의 결과라 생각해왔다.

하지만 요즘같이 언제 잘릴지 모르는 상황 속에서 가슴 한켠 누르고 있는 불안함과 부담감이 만만치가 않다. 솔직히 이런 날은 가족 말고 흉금 없는 친구에게 자신의 속마음을 털어놓고 싶다.

지용씨는 내가 알고 있는 한 사람이기도 하고 불안한 마음을 가지고 살아가는 우리 이웃의 한 모습이기도 하다. 그는 자신을 향한 신뢰와 노력이 가져다주는 결과를 믿으며 최선을 다해 최고가 되기 위해 살아가고 있다. 그에게 있어서 단 하나의 신념이 있다면 인생은 자기 스스로 개척하는 것이라고 생각하는 것이었다. 인맥 또한 스스로 만들면 되는 것이기에 그의 자리에 신의 개입은 별로 필요하지 않다 생각했다. 오히려 신을 의지하는 자들은 자신을 믿지 못하는 무능한 사람이라 치부했다.

이것은 비단 자기노력만을 말하는 것은 아니다. 어떤 사람은 인생을 성공적으로 살아가기 위해서 자신의 집안 배경을 의지 할 것이고, 어떤 이는 외모나 학력을, 또 어떤 이는 성격이나 인맥을, 그리고 또 어떤 이는 가진 재산이나 경험을 믿고 살아갈 것이다. 정 의지할 것이 없으면 주먹이라도 의지할 것이다. 하지만 그 힘이 영원하지 않다는 것을 누구나 알고 있다. 그럼에도 많은 사람들이 자신이 믿는 것에 최면에 걸린 채 그 힘을 의지하며 살아가고 있다. 왜 그러한가?

첫째는 실제로 이들이 의지하고 살아가는 것들에는 그것이 무엇이든 간에 실제적인 파워를 가지고 있기 때문이다. 요즘 시대에 외모나 몸매를 가지고 있으면 방송을 탈 것이고 아이디어가 있으면 상품을 개발을 할 것이고 자본과 인맥이 있으면 회사를 창립한다. 가진 것이 건강한 신체 밖에 없다 해도 그것은 기반이 될 수 있다. 혈혈단신 맨 주먹으로 굴지의 기업을 이룬 사람들의 이야기를 들어보지 않았던가?

둘째, 이렇게 사람이 자신의 힘이라도 믿고 살아가는 데는 사실 인간의 생존 본능과 연결이 되어 진다. 세상이 시작 되면서부터 인간사회는 시간이 지날수록 업그레이드 되어져 왔다. 사람이든 문명이든 변화되지 않으면 도태되었고 문명이 급속화 될수록 사람들의 불안 심리는 더 심해졌다. 이러한 현상은 21세기를 달리고 있는 지금 더 큰 불안감으로 작용하고 있다. 어느새 '샐러던트'라는 삶의 형태가 보편적이 되었다. '봉급생활자'를 뜻하는 '샐러리맨(Salaryman)'과 '학생'을 뜻하는 '스튜던트(Student)'가 합쳐져서 만들어진 용어이다. 직장에 몸담고 있으면서 새로운 분야를 공부하거나 현재 자신이 종사하고 있는 분야에 대한 전문성을 더욱 높이기 위하여 지속적으로 공부하는 사람들을 가리킨다. 이 용어가 우리 사회에 공감을 주는 것은 바로 불안한 시대를 대비하기 위한 사람들의 마음이 담겨져 있기 때문이다. 성공이나 자기계발서 관련 책이 불티나게 팔리는 것도 이런 현상을 증명하고 있다. 이런 치열한 경쟁사회에서 믿을 수 있는 건 자신의 노력이나 아니면 다른 힘이 되어줄 무언가가 반드시 필요하다. 생존현실 앞에 놓여진 생존 본능이다.

셋째, '세상에 믿을 수 있는 건 나 자신 뿐'이라는 고백은 영적의 의미로 해석하자면 죄의 본성으로 볼 수 있다. 성경의 곳곳에서 인간의 의지와 하나님의 의지가 충돌하는 것을 볼 수 있다. 그 결과는 참혹했다. 인간이 쫓겨나거나 멸종으로 처해 지거나 혹은 저주 가운데 죽게 되어진다. 하와가 뱀의 유혹을 받을 때도 '하나님과 같이 되어진다'는 말에 마음이 혹해졌다. 바벨탑 때도 그러했다. 탑을 쌓으며 '자신의 이름을' 드러내고자 하는 마음 즉, 자신이 힘의 실체가 되고자 하는 마음 때문에 온 세상에 흩어짐을 받게 되었던 것이었다. 그 외에도 무수히 많은 예를 통해 인간이 하나님 아닌 다른 무언가를 의지했을 때 받게 되어지는 비참한 결과를 보게 된다.

이들을 향해 우리는 어떤 마음과 자세로 다가서야 할까?

첫째, 자신의 한계를 깨달을 수 있도록 중보기도 하라.

'믿는 것은 나 자신 뿐'이라는 고백은 주로 자수성가형에게서 들을 수 있다. 이들은 인간의 무한한 가능성과 노력하면 무엇이든지 성취할 수 있다는 자신감을 가지고 있다. 이들을 만나는데 있어서 무엇보다 선행되어져야 할 것은 기도이다. 이것은 두말하면 잔소리이다. 하나님이 이들의 마음을 가난하고 갈급하게 하시어 복음을 들을 수 있게 마음과 귀를 열어달라고 기도해야 한다.

어쩌면 전도자 입장에서 대하기 어려운 사람일 수 있다. 이들의 넘치는 자신감은 영원히 함락되지 않을 난공불락의 성과 같이 느껴진다.

그렇기 때문에 더더욱 기도가 필요하다. 조급해 하지 말고 장기적인 계획을 가지고 기도하라. 자신이 한계를 느낄 수 있는 상황과 하나님의 개입을 요청하는 기도가 절대적으로 필요하다.

다니엘서를 보면 느부갓네살왕이 나온다. 그는 누구인가? 이스라엘을 포함해 주변국을 모두 점령한 당시 세계 최고의 왕이었다. 그야말로 자신의 통치권과 권력 앞에 세상에 무서울게 없는 사람이었다. 그러나 몇 번에 걸친 하나님의 경고마저도 무시하다가 결국 미친 사람이 되어 쫓겨나게 되었다. 7년이 지난 후 다시 정상으로 돌아오게 되었는데 마지막에 이런 고백을 하게 된다.

그러므로 지금 나 느부갓네살은 하늘의 왕을 찬양하며 칭송하며 경배하노니 그의 일이 다 진실하고 그의 행하심이 의로우시므로 교만하게 행하는 자를 그가 능히 낮추심이라(단4:37)

둘째, 가랑비에 옷 젖듯이 다가서라.

이들은 자기 자신에 대한 신념으로 가득 찬 사람들이다. 동시에 모순 같아 보이지만 더 큰 리더십에 대한 목마름이 있다. 장기적인 계획을 가지고 꾸준히 기도하는 것이 중요하다. 또한 모든것을 갖추었다가 삶의 중반에 회심한 유명한 사람의 자서전적 신앙책이나 세미나가 있으면 자연스럽게 소개해주는 것도 유익할 것 같다. 이들은 자기 신념이 강한 동시에 자기보다 뛰어난 사람들을 보며 배우고 싶은 열망이 있기 때문이다.

마지막으로 언제가 이들의 삶에 닥칠 수 있는 위기 속에 대안이 되어 주라.

자신만 믿는다고 말하는 사람들은 대게 자신의 신념을 스스로 무너뜨리지 않는다. 위에 언급한대로 그것은 자신의 생존 본능과 연결 되어 있기 때문이다. 혹 자신의 신념을 무너뜨렸다면 대체할 만한 또 다른 신념을 만든 이후 일 것이다. 혹 이런 이들에게 극심한 고난이나 삶의 위기가 몰아칠 때가 있다. 바로 그때가 복음이 들어가기에 가장 적합한 때이다. 이들은 지금까지 자신이 믿었던 것으로부터 보호를 받지 못함을 깨닫고 순간 당황한다. 그리고 한동안 혼란스러워 하다가 또 다른 무언가를 찾기 마련이다. 고난과 낙심 속에서 회심한 사람이 많은 이유가 바로 여기에 있다. 이러한 순간 누구보다 기독교인들이 이들의 따뜻한 친구가 되어줘야 한다. 아픈 마음을 이해해 주고 감싸 주고 한결같은 자세로 이들을 받아 주었을 때 이들은 마음을 열고 하나님이라는 새로운 대안을 찾고자 할 것이다. 그러기 위해서는 무엇보다 이들과 지속적인 신뢰관계가 쌓여져 있어야 한다.

몇해 전 고등학교 다닐 때 친했던 친구가 가정의 위기를 겪고서 너무 힘이 들어 점집을 찾아갈까 하다가 고민 끝에 나에게 연락을 해 왔고 전화상으로 예수님을 소개하게 되었는데 긴 통화 후 결국 영접하게 된 일이 있었다. 그 친구는 평소에 내가 늘 기도해 왔던 친구였다.

44세의 민석씨는 한 대기업 계열사의 부장이다. 그의 첫인상은 차분하고 겸손해 보였지만 그와 한참 이야기를 나눈 후 그가 처음부터 그런 사람은 아니었다는 것을 알게 되었다.

민석씨는 한때 회사에서 각광을 받는 사원이었다. 청년시절 회사에 입사하자마자 그는 두각을 나타내 보였다. 그는 젊고 유능했으며 기발한 아이디어로 늘 히트를 쳐왔다. 끊임없는 노력, 성실함 게다가 회사를 향한 애사심은 그를 고속승진으로 달리게 했고 누구보다 탄탄한 입지를 세우게 되었다. 회사에서는 그의 능력을 인정해 미국 지사로 발령을 내 주었다. 그의 인생에 거치를 것이 아무것도 없어 보였다.

미국생활이 조금씩 익숙해 질 무렵 그에게 뜻하지 않은 어려움이 생기게 되었다. 평소 일에 대한 열정이 컸던 민석씨가 자신의 아이디어와 다른 회사의 아이템을 합쳐보면 어떨까 생각을 하며 일을 초안을 잡아가던 중 그에게 한통의 전화가 걸려왔다. 한국 본사에서 걸려온 전화였다.

"송부장? 자네, 다른 회사로 옮긴다며?"

"네? 무슨 말씀이신지…?"

"조만간 다시 연락을 하겠네. 대기하고 있게."

아차! 싶었다. 자신이 추진하고 있는 일을 오해하고 있는 것이 분명

했고 회사 입장에서는 일종의 괘씸죄가 적용이 된 것이었다. 해명을 해보았지만 누구하나 그의 편을 들어주는 사람이 없었다. 그의 혼란스럽고 착잡한 심정은 이루 말할 수가 없었다.

우선 자신의 결백을 믿어주지 않는 회사에 화가 났고 자신을 모함한 사람들에게 화가 났다. 그동안 온 열정을 바친 결과가 겨우 이 정도인가? 자신의 존재가 겨우 이정도 밖에 되지 않았나 싶어 한순간 무기력함을 느끼기도 했다. 그동안 한 번도 실패를 한 적이 없었는데 그의 자신감은 한없이 곤두박질 쳐 지는 것 같았다. 예전이라면 몰라도 요즘같이 퇴직이 난무한 시대에 적당한 이유만 붙인다면 한사람 자르는 것은 일도 아닐 것이다. 민석씨는 앞으로 어떻게 될지 모르는 막막한 자신의 행로에 두려운 마음이 수시로 올라왔다. 그 어느 것도 그의 마음에 위로를 가져다주지 못했다. 차마 입이 떨어지지 않아 아내에게도 말할 수 없었다. 아무에게 말도 못하고 혼자서 끙끙 거리기를 여러 날 지났을 무렵 다른 부서 박부장님이 커피를 한 잔 건네는 것이었다. 박부장님은 같은 직위였지만 그보다 연배가 한참 높았다.

"힘들지? 입소문 통해 이야기 들었어."

"아… 네…"

"회사 생활을 오래하다 보면 별의별 일들을 다 겪는 것 같아. 나 역시 몇 해 전에 자네와는 또 다른 이유로 윗선에 잘못 보여져서 한참 동안 곤란을 겪었네. 너무 걱정하지 말게. 나도 지금까지 버티고 있는데 나보다 훨씬 더 유능한 자네에겐들 별일이 있겠나? 힘내시게!"

사실 민석씨에게 박부장님의 이야기는 그 누구보다 큰 힘이 되었다. 그 이후로 계속된 따뜻함으로 자신에게 신경을 써 주시는 부장님이 한 없이 고마웠다. 평소에 술도 안마시고 교회생활만 열심히 하는 고리타 분한 양반이라고만 생각을 해 왔는데 막상 어려움을 겪으니깐 그분의 진가가 드러나는 것 같았다. 하지만 생각해 보면 박부장님은 다른 사람들과 조금은 달랐던 것 같았다. 직장 내에서 스트레스를 덜 받는 것 같 았고 무언가 표현하기 힘든 특별한 여유로움이 있었던 것 같았다. 예전에는 몰랐지만 박부장님과 가까이 대화를 하다 보니 아마도 그분이 믿고 있는 신앙이 아닌가 하는 생각이 들어졌다.

민석씨가 처음으로 신앙에 대해 열린 마음을 가진 것은 바로 그때부터였다. 사실 인생의 위기 앞에 한없이 무너져 두려워 떨고 있는 자신의 마음을 추스르고 싶었다. 그리고 그 밤에 처음으로 기도라는 것을 해 보았다.

'하나님! 당신이 정말로 이 세상에 존재한다면 제발 이 문제가 해결되게 해 주세요…'

처음에는 스스로 낯선 모습에 이게 뭐하는 짓인가 싶었는데 며칠 하다보니 이상하게 그 순간만큼은 마음이 편해지는걸 느끼게 되었다. 그 후 민석씨는 아는 사람의 소개를 받고 아내와 함께 처음으로 교회에 걸음하게 되었다고 한다. 내가 만났던 민석씨는 평소 유능함과 넘치는 자신감을 가지고 거칠 것 없이 살아왔다. 하지만 위기를 겪자 결국 자신보다 더 큰 존재를 의지하게 되었다.

미국의 교회 컨설팅을 수행하고 있는 라이너 그룹의 한 리서치에 따르자면 다른 단계보다 1단계에 고학력자이며 재정적으로도 부유한 사람들이 많이 분포 되어있다는 통계를 산출했다고 한다. 이들은 자신을 둘러싼 넉넉한 환경 속에서 누구보다 자신을 신뢰하며 사회에서 유능함을 인정받으며 별문제 없이 살아가고 있는 듯하다. 하지만 알고 보면 세상에 자기 자신을 믿는 것만큼 불안하고 어리석은 일이 어디 있는가? 사람들은 그 불안함을 감추며 자신이 무너지지 않기 위해 아등바등 살아가고 있다. 그것은 일시적으로 우리의 삶에 방패막이가 되어 주기도 하겠지만 언제든지 무너질 수 있는 것들이다.

동식물의 세계에는 일종의 자기 보호라는 것이 있다. 바로 자신을 보호하기 위해 몸을 부풀려 상대에게 위협을 가하거나 포식자의 먹잇감이 되어지지 않기 위해 자신의 몸의 색을 바꾸는 보호색 같은 것이다. 사람들 또한 불안한 사회를 살아가면서 자신을 보호하기 위해 만든 또 다른 방편이 자기 신념이나 혹은 자신이 가지고 있는 그 무엇일 수 있다. 하지만 자신이 믿고 있는 것이 언제 사라질지 몰라 사람들은 더 큰 불안함 가운데 끊임없이 인생을 피곤하게 한다.

성경에서는 '수고하고 무거운 짐 진 자들아 다 내게로 오라'고 말씀하고 있다. 자기 자신이라는 무거운 짐을 내려놓고 하나님께 나아오면 지금까지 느껴보지 못한 참된 평안을 얻게 될 것이고 더 이상 생존을 위한 인생이 아니라 보다 더 나은 가치와 그 이상의 생산을 위한 삶을 살게 될 것이다.

Action Plan

1. 선입견 깨뜨리기

무조건 기독교를 싫어하는 사람들은 기독교에 대해 적대적인 성향이 강하다. 그러나 이들이 하고자 하는 말을 자세히 들어보면 대부분 기독교나 교회에 대해 잘못된 선입견을 가지고 있거나 한 부분을 보며 전체로 판단하는 경향이 다분하다. 사실상 이 단계의 사람들과 열린 마음으로 진지한 대화를 하기란 어렵겠지만 그래도 이들이 듣고자 한다면 이들이 잘못 알고 있는 것에 대해 잠깐이라도 알려줄 필요가 있다. 그러나 굳이 들으려 하지 않는 사람들에게 억지를 쓸 필요는 없다.

2. 강요하지 말기

사람들은 대부분 강제적이고 억압적인 느낌이 들면 밖으로 튕겨나기 십상이다. 하물며 기독교에 대해 적대적인 이들에게 강요 하는듯한 느낌을 준다면 그저 튕겨나는 정도가 아니라 오히려 공격성을 드러낸다. 마음을 느긋하게 가져라. 이들과의 온도 차이를 인정하고 오히려 적당한 전도의 때를 얻기 위해 기도하라. 불도 불씨가 남아있을 때 지필수가 있다.

3. 전도자는 보다 여유로운 태도를 가져야 한다.

이들의 공격적인 말과 거친 태도에 상처를 입지 말라. 많은 전도자들이 이들의 공격적인 태도를 보며 마음이 움츠리거나 궁지에 몰린 나머지 무슨 말이라도 해야 한다는 생각에 자칫 말다툼으로 이어지기도 한다. 앞서 이야기 한 것처럼 1단계의 많은 사람들이 잘못된 선입견에 의해 공격적이거나 혹시 이들의 말이 틀리지 않았다면 그것은 우리 기독교인들이 마땅히 교훈삼아 들어야 할 변방의 소리 일수도 있기 때문이다. 처음부터 화가 나 있었던 이들의 마음과 태도를 대할 때 당황하지 말고 일단은 여유를 가지고 수긍하라. 그러면 오히려 화를 내고 있던 상대방이 감정을 누그릴 것이다.

4. 전도자 자신이 성경적 가치관을 정립해야 한다.

물론 전도할 때 단순히 사영리 쪽지 하나만으로도 강력한 성령의 역사가 일어난다. 그러나 동시에 할 수만 있다면 전도자 자신이 성경적 가치관을 공부해야 한다. 죄의 문제부터 시작해 기독교 윤리, 현대를 살아가는 물질관, 시간관, 인간관계 등 폭넓은 부분에 이르기까지 공부해야 한다.(IVF에서 나온 소책자시리즈 같은 것에 도움을 받으면 된다.) 그렇게 할 때 전하고자 하는 메시지에 힘이 실린다. 아니 이 사람들에게 메시지를 증거 하지 못한다 할지라도 전도자 자신이 메시지의 내용을 알고 있는 것과 모르는 것에는 차이가 엄청나다. 시간을 들여서 공부를 해 성경을 제대로 알고 성경에 정통하라. 뿐만 아니라 성경적 가치관을 확립하라. 이것은 당장 이루어질 것은 아니지만 이 부분이 제대로 확립

되어질 때 자기 신앙의 뿌리가 잘 내릴 것은 물론 보다 자신 있게 이 사람들을 대할 수 있을 것이다.

5. 문화적 수준을 맞추어라.

이것은 모든 단계에 기본적으로 있어야할 내용이다. 이 사람들이 가지고 있는 선입견 중 크게 한 부분을 차지하는 것도 기독교가 문화적으로 수준이 많이 뒤떨어진다고 생각하는데 있다. 사람들은 뒤처져 보이는 것을 보면 무시하고 싶은 마음이 있다. 시대는 날로 변해 가고 있는데 낡고 겉도는 문화를 고집할 필요는 없다. 그것은 복음에 있어서 핵심이 아니기 때문이다. 사람들의 눈높이에 맞는 문화를 그릇으로 삼고 결코 변하지 않을 진리를 담는다면 이 사람들이 기독교를 보다 가깝게 생각하게 될 것이다.

6. 성령의 능력을 의지하라.

이것 역시 모든 단계마다 반드시 필요한 부분이다.

성경의 에베소서 2장 2절에 '그 때에 너희는 그 가운데서 행하여 이 세상 풍조를 따르고 공중의 권세 잡은 자를 따랐으니 곧 지금 불순종의 아들들 가운데서 역사하는 영이라'는 구절이 나온다. 하나님을 믿지 않는 모든 사람들은 마치 자신의 뜻대로 살아가고 있는 것처럼 보이지만 사실은 공중 권세 잡은 자 즉, 악한 영의 조정에 의해 살아간다는 말이다. 그렇기 때문에 이들을 전도하는데 있어서 가장 중요한 것은 성령의 능력을 의지하고 나아가는 것이다. 한 영혼을 얻는 것은 그저 육적인 싸움이 아니라 영적인 싸움이기 때문이다. 이것은 앞서 언급한 모든 것들 중에서도 가장 중요한 핵심이다.

2

비신자 유형의 특징

● 기독교의 진리를 부분적으로 인정한다. 하지만 자신의 주관과 견해가 뚜렷하다.
　예를 들면 이런 식이다.

- "예수님은 나름대로 좋은 분이라고 생각해요. 하지만 사람을 신이라고
　말하는 것은 좀 무리가 있는 것 같네요."
- "구원의 길이 하나뿐이라고 말하는 것은 독선적이죠."

● 다원주의적인 사고를 가지고 있다.

● 기독교를 여러 종교 중의 하나라고 생각한다.

● 이들은 1단계 비신자들에 비해 나름대로 예의를 갖추며 복음을 거절한다.
　겉으로는 웃으며 속으로는 '너나 잘 하세요~'

● 기독교 진리 자체 보다 교회와 관련된 부정적인 이미지에 의해 복음을
　거부하는 경우가 많이 있다.

- "기독교인들은 너무 이기적이고 위선적인 것 같아요."
- "기독교인들의 행실이 더 나쁜 것 같네요."

● 이들은 세상을 바라보는 자신만의 렌즈로 기독교나 기독교인을 평가하
　려한다. 그 렌즈에 부합하지 않으면 크게 내색하지 않지만 마음을 닫아 버
　린다.

2
기독교의 부적절한
이미지에 대한 거부감

니들이 고통을 알아?

2

오래전에 각종 영화 시상식에서 높은 관심을 받았던 영화가 있었다. 바로 '밀양'이라는 영화이다. 대충의 줄거리는 다음과 같다.

신애라는 한 여자가 있다. 그녀는 남편을 잃고 어린 아들과 함께 밀양으로 이사를 오게 되었다. 피아노 학원을 운영하며 살아가는 어느 날 그녀에게 갑자기 찾아온 삶의 위기. 생떼 같은 어린 아들이 유괴살해 되었고 신애는 자식을 잃은 엄청난 고통 가운데 휩싸인다. 우연찮게 찾아간 교회 부흥회에서 그녀는 그동안 참고 있었던 감정을 북받치듯 토해냈고 하나님을 만나게 되었다 믿은 그녀는 그 후 열심히 교회를 다니며 신앙에 귀의하는 듯 했다. 교회를 다닌 후 자신의 상처가 치유 되었다 생각했지만 죽은 자식을 향한 그리움과 아픔이 불쑥 불쑥 올라와 당황스럽다. 어느 날 신앙의 이름으로 자식을 죽인 범인을 용서하기 위해 고민 끝에 어렵사리 교도소를 찾게 되었다. 하지만 교도소 접견실에서 만난 그 범인의 얼굴은 너무나 평온해 보였고 그 범인 스스로 하는 말이 자신도 하나님을 만나게 되었고 하나님의 용서를 받게 되었다는 고백을 하자 신애는 충격과 함께 엄청난 분노에 휩싸인다.

"내가 아직 용서를 하지 않았는데 어떻게 하나님이 그 범인을 먼저 용서 할 수 있어요?"

그것은 자신이 잠시라도 믿었던 하나님에 대한 배신감이자 분노였다. 그 후로 그녀는 하나님과 교회공동체를 향해 마치 조롱이라도 하듯 분노의 마음을 안은 채 일탈적인 행동을 서슴없이 일삼는다. 그렇게 한 차례의 폭풍과도 같은 시간이 지나고 다시 일상의 삶으로 돌아가는 것으로 영화는 막을 내린다. 범인을 향해 용서하지 못하면 용서하지 못하는 채로 따뜻한 이웃과 함께 그렇게 일상의 삶으로 돌아가는 것으로 말이다.

영화를 보는 내내 마음이 편하지 않았지만 우리가 잠시 놓치는 것을 생각하게 되었다. 그것은 기독교와 세상 사람들 사이에 존재하는 저만큼의 거리감이었다. 영화에는 두 부류의 이웃이 나온다. 한 부류는 늘상 우리 기독교인들이 접하는 교회 공동체이다. 이들은 고통 가운데 있는 신애를 위해 기도해 주며 믿음의 자라감을 보며 파이팅을 해주고 생일날을 잊지 않고 축복의 노래도 불러주는 아주 친절한 교인들이다. 또한 부류는 투박하고 세련되지는 않지만 정감이 있고 그 고통을 옆에서 고스란히 지켜보고 함께 있어주는 우리네 이웃이다. 안타깝게도 영화를 보는 내내 관객들이 보낸 따뜻한 시선과 공감은 후자에게 있었다. 물론 교회문화에 익숙하지 않는 관객들이라는 입장과 영화자체에서

주는 의도가 있었지만 안타깝게도 기독교인들조차 교회 밖 스크린에서 만나는 교인들의 모습이 어딘가 모르게 이질스러워 보였다는 것이었다.

불신자들은 자주 우리에게 이런 질문을 던진다.

"당신들에게는 고통의 깊이가 있는가?"

"상처 입은 영혼들을 정말 가슴으로 이해 할 줄 아는가?"

"말로만 이웃의 아픔을 동참한다 하지 말고 진정한 행함으로 보여 달라!"

불신자들에게 비쳐진 기독교의 모습은 인간의 고통은 그저 신의 섭리 아래에 묻혀버릴 수 있는 정도로 보여 지는 듯 하다. 고통 가운데 있는 이웃을 대할 때도 '모든 것에 하나님의 뜻이 있다'고 말하며 그것으로 위안으로 삼으라고 말한다. 마치 자신들은 신의 섭리와 고통의 이유를 다 이해 한다는 듯한 표정을 지으며 고통 가운데 있는 사람에게 몇 가지의 성경 구절로 답을 해 주기에 바쁜 듯 보였다. 그 사람이 받은 상처, 이루 말할 수 없이 복잡한 심정은 별로 중요하게 보이지 않는다. 상대방의 고통과 아픔을 다 이해하기도 전에 너무나 쉽게 자기 식의 종교적인 답을 주는 것에 비기독교인들은 분노한다.

또 한 가지는 이 시대를 살아가고 있는 기독교인들의 부끄러운 자화상이다. 기독교에 대해 무관심한 듯한 사람들에게 조차 그 부끄러움이 들쳐버린 것이다. 물론 우리 주변에는 이웃을 향한 진심어린 사랑을 실천하며 살아가는 많은 기독교인들이 있다. 하지만 종교적인 틀만 남아

있지 진정으로 이웃의 아픔을 바라보지 못하는 바리새인적 교인들 또한 많이 있음에 부끄러움을 느낀다.

그렇다면 이런 질문을 하는 사람들에게 우리는 어떠한 자세로 나아가야 하는가?

첫째, 고통 가운데 있는 사람과 함께 있어주라.

사람은 고통 가운데 있을 때 고통스런 자신의 감정을 있는 그대로 인정받고 싶어 한다. 분노하는 마음, 용서하지 못하는 마음, 심지어 신에 대한 저주의 마음조차 표출하고 싶어 한다. 이런 이들에게 행동을 자제케 하고 자기식의 답을 쉽게 던진다면 '기독교는 이웃의 고통과 아픔을 모르는 배부른 종교야' 라는 소리를 듣게 되고 이들과 우리 사이에는 더 큰 거리감이 생길 것이다.

사랑하는 사람과의 관계에서도 상대방이 원하는 방식의 사랑으로 다가설 때 만족이 있듯이 사람은 힘든 고통이나 어려움을 당할 때도 자기식의 위로를 받고 싶어 한다. 상대방이 고통 속에 있을 때 가장 큰 위로가 무엇인가? 그냥 말없이 오래도록 함께 있어주는 것 그것만큼 큰 위로가 되는 것이 어디 있겠는가? 사람들은 고통 가운데서 그저 스스로 답을 찾기까지 기다려 주고 지켜봐 주는 영화 '밀양'에서의 송강호식 사랑을 원한다. 그리고 그런 사람을 향해 참된 이웃이라 생각한다.

나 역시 목사이다 보니 종종 장례 소식이라든지 고통으로 인해 힘겨운 시간을 보내는 성도들의 소식을 듣게 된다. 상대방이 정말 힘들어

할 때는 솔직히 목사이지만 딱히 해 줄 말이 없을 때가 있다. 그 말조차 상대방에게 힘겨움이 되지 않을까 싶어 그저 말없이 오래도록 안타까워한다. 그러면 상대방이 힘겨운 시간을 보낸 후 그때의 침묵과 기다림을 그렇게 감사해 한다.

둘째, 이들의 신음하는 고통의 소리를 경청해 주어라.

우리는 대게 고통에 처해 있는 사람에게 성경구절을 딱딱 짚어가며 무슨 말이라도 꼭 해 주어야 한다는 사명감에 고취되어 있는 듯하다. 이청득심이라는 말이 있다. 귀 기울여 들으면 사람의 마음을 얻는다는 뜻이다. 옳은 이야기 이다. 상대방이 왜 힘들어 하는지 그 마음에 귀를 기울인다면 오히려 복음증거의 실마리를 제공받을 수 있다. 반드시 말을 하는 것만 복음증거는 아니다. 상대방의 말을 진심으로 공감하면서 들어주는 것도 중요한 하나님의 일이다.

뿐만 아니라 이들에게 실질적인 도움을 줄 수 있어야 한다. 여러 날 먹지 못해 굶주림에 허덕이고 있는 사람에게 그저 동정어린 말과 눈빛만 보낸다면 그것은 너무나 이기적이며 오히려 상대를 우롱하는 행동이다. 견딜 수 없는 고통 가운데 있는 사람들에게 뜬구름 잡는 이야기라든지 현실에 대한 해석만으로는 충분하지 않다. 이들의 고통을 덜어 줄 수 있는 최소한 만이라도 상대가 원하는 필요를 채워줄 수 있어야 한다.

23살의 현주씨는 지방의 한 소도시에서 동사무소에 다니고 있었다.

한 눈에 봐도 착한 인상이다. 일찍이 부모님이 돌아가셔서 할아버지 손에서 자라 왔는데 이제는 훌쩍 커서 할아버지를 부양하고 있는 형편이다. 결단코 녹녹치 않은 인생이었을 텐데 그동안 군소리 한번 하지 않고 늘 얼굴에 밝은 미소를 띄우며 살아가고 있는 그 동네 소문난 알짜배기 처녀이다.

비록 혼자 할아버지를 부양하며 어렵게 살아가고 있지만 그래도 한 번씩 그녀를 챙겨주는 이웃들이 있어 나름대로 감사하다. 특히 건너편 쌀가게 2층집에 살고 있는 한 아주머니는 유독 그녀를 아끼고 예뻐 해 주었다. 김치를 담그면 꼭 챙겨주시고 반찬도 일부러 더 많이 해서 가져다 주시고 우연히 길에서 마주치더라도 그냥 지나치게 하는 법이 없었다. 꼭 뭐라도 손에 쥐어 보내줬으니 그녀를 아끼는 그 아주머니의 마음이 꼭 친정엄마 같다. 그 아주머니는 동네 교회에 나가고 있는데 늘상 다른 것에서는 관대하던 현주씨가 항상 교회 이야기에만 애써 관심을 다른 데로 돌리거나 멈춰있던 걸음을 갑자기 재촉하거나 이런 식이었다. 하지만 그 아주머니는 굳이 교회 이야기가 아니더라도 여전히 현주씨를 잘 챙겨 주었고 늘 따뜻함으로 대해 주었다.

그러던 어느 날 현주씨 네에서 초상 소식이 들려왔다. 할아버지가 돌아가신 것이었다. 현주씨는 정신이 하나도 없었다. 평소 지병이 있으셨던 지라 걱정은 늘 하고 있지만 막상 할아버지마저 돌아가시니깐 그 마음에 외로움과 슬픔이 너무 크다. 이럴 때 한 사람의 가족이라도 있었으면 하는 마음이 너무 간절하다. 그동안 친척들과도 거의 왕래를 하지 않고 살았기에 홀로 감당할 모든 것이 너무나 두렵고 막막하다.

정신이 하나도 없는 상태에서 빈소까지 차리게 되었지만 찾아 올 사람도 없었고 황량하기 그지없다. 다행이 소식을 들은 아주머니가 동네 사람들과 함께 빈소를 찾아 주었고 끝나는 내내 함께 해 주었다. 장례 절차도 그 아주머니 교회의 도움으로 잘 치를 수 있게 되었다. 할아버지를 여의고 그야말로 홀로 남은 현주씨에게 그 후로도 그 아주머니가 얼마나 큰 위로가 되었는지 모른다.

그 일을 계기로 현주씨는 교회에 출석하게 되었고 지금은 한 목사의 아내로 살아가고 있다.

성경에 '착한 사마리아인' 비유가 나온다. 강도를 만나 피투성이 된 채 고통 가운데 쓰러져 있는 한 사람을 보며 사회적으로 명성이 있고 종교적 열심이 있는 바리새인과 레위인은 보고도 못 본 척 그저 지나쳤다. 하지만 그 시대 혈통적으로 별로 인정받지 못했던 사마리아인은 그의 고통을 보고 외면하지 않았다. 예수님은 이 비유를 통해 누가 참된 이웃인지를 물으며 바리새인의 위선을 신랄하게 공격하고 있다.

혹 우리 가운데 종교적인 틀에 갇혀 고통으로 인해 신음하는 이웃의 소리를 듣지 못하는 것은 아닌지? 혹 상대방의 감정의 귀를 기울이지 않은 채 너무 많은 말로 답을 주어 기독교를 천박하게 만드는 것은 아닌지 생각해 보아야 할 것이다. 기독교가 조금 더 본질로 접근 한다면 기독교를 조롱하는 사회적 분위기에 더 이상 사람들이 동조할 명분을 발견하지 못할 것이다.

목사가 더 타락했다?

2

교회성장 연구소에서 목회자 신뢰 수준에 관한 설문을 시도한 결과 목회자를 신뢰하지 않는다는 결과가 46.8%, 신뢰한다가 9.3%로 나타나 일반인들에게 비춰진 목회자 신뢰도가 상당히 낮은 것으로 나타났다. 물론 목회자에 대해서 이런 부정적 이미지를 만든 것에는 대중매체의 영향도 한 몫을 하고 있다.

일부 대형교회에서 일어나는 목회자와 관련된 비리와 부패한 도덕성이 각 종 언론을 통해 고발되기도 하고 심지어 사이비종교 교주에 관한 보도를 보면서도 기독교와 연관되는 이미지가 대중에게 강하게 심겨지기도 한다. 하지만 안타깝게도 실제 교회 경험이 있는 사람들에게조차 간혹 들을 수 있는 말이기 때문에 이것을 꼭 언론의 영향이라고만 말할 수는 없다. 사람들은 목사에 대해 자주 이런 말로 평가를 한다.

"이웃의 아픔과 함께 한다는 목사가 큰 집에서 큰 차를 굴리고 다녀요?

"목사님들은 대체로 고압적이고 강압적으로 느껴져요."

"말과 행동이 다른 것 같아요. 진실해 보이지 않네요."

"온통 교회 성장에만 관심이 있고 영혼 사랑에 대한 진정성이 있는지 모르겠어요."

"어느 교회 목사는 돈만 밝힌다고 하면서요?"

"목사가 교회 세습하면서까지 권력욕심 부리나요?"

이 정도는 나름대로 정제되고 부드러운 표현이다. 실제로 밖에서 비기독교인들에게 듣는 평가는 훨씬 더 날카롭고 비판적이다. 사람들은 목회자의 부족한 자질을 들추어내며 냉소적으로 평가한다. 그리고 마지막에 내리는 결론은 다음과 같다.

"목사마저도 믿을 수 없어."

사람들마다 목사의 자질을 생각하는 기준이 다르다.

높은 덕망이나 인격일 수 있고 뛰어난 리더십일 수 있고 탁월한 설교 능력일수 있고 조직을 이끄는 행정력일 수도 있다. 실제로 교회성장 연구소에서 바람직한 목회자상에 관한 설문을 했는데 인격이 훌륭한 목회자가 30.6%, 사랑이 많은 목사가 25.6%, 인간관계가 훌륭한 목사가 14.0%를 차지하고 있어 목회자를 향한 사람들의 기대가 인격이나 사랑에 우선을 두고 있다는 것으로 파악되어 졌다. 한 가지 알아야 할 것은 우리나라 문화에서 사람들이 일반적으로 생각하는 인격에는 덕스러움, 자기희생, 고결한 도덕성, 재정적인 청렴함 등이 상당부분 포함

되어져 있다는 것이다.

즉, 비기독교인들이 "목사를 믿을 수 없기에 교회 나가지 않는다."는 말은 청빈하고 자기희생과 깨끗한 도덕성이 있어야 할 목회자가 세상 사람들과 다를 바 없이 아니 오히려 더 타락한 모습을 보여주었기에 더 이상 목회자를 믿을 수 없다는 말이다.

일반적으로 목사를 바라보는 사람들의 마음은 무엇인가?

그것은 목사를 향한 특별한 기대심리이다.

앞서 이야기한 것처럼 목사는 돈을 알아서는 안 되고 도덕적으로는 깨끗해야 하며 가난하고 고통 가운데 있는 사람들과 함께 아파해 주어야 하며 덕을 통해 신망을 쌓아나가야 하며 영혼의 수양을 닦는데 게을리 하지 말 것이며… 여러 가지 기준으로 목사를 지켜보고 있다. 자신들은 어쩔 수 없이 세상과 타협하며 세상의 오물이 적당히 묻은 채 살아 갈 수 밖에 없지만 적어도 목사라면 절대로 그러지 않기를 바란다.

목회자는 그리스도의 몸을 온전히 세우기 위하여 말씀으로 성도를 가르쳐야 할 자들이다. 그러나 가르친 말씀이 정작 목회자인 자신의 삶을 변화시키지 못한다면 사람들은 실망할 뿐 아니라 말씀 자체에 대해 모순과 환멸을 느낄 수가 있다. 말씀이 능력이라고 하는데 그 말씀을 매일 가르치는 목사 자신이 말씀에 역행하는 삶을 산다면 도대체 말씀의 능력은 무엇이란 말인가? 목회자에게 더 엄중한 잣대를 대는 것은 지극히 당연한 일이다. 물론 목사 역시 연약한 인간이며 완성되어진 인격체가 아니기에 넘어질 수도 있다. 나 역시 목회자이다 보니 내 육체의 것들을 신뢰하지 않고 오직 하나님만 의존하며 인격의 성숙함을 이루며 살고 싶지만 때로는 인간적인 연약함이 앞서 실수 할 때도 있고 때로 사람들에게 뜻하지 않게 욕을 얻어먹을 때도 있다. 목사임에도 불구하고 내 자신의 연약함이 드러나고 간혹 인간적인것들을 의존할 때면 다시금 하나님께 나아가 영혼의 정결함을 놓고 몸부림치며 기도한다. 심히 부패한 인간은 스스로 성령의 열매를 창출해낼 능력이 없다. 오직 예수님께 접붙힘을 받으며 매일 그 분 안에 거할 때 거룩한 성화의 열매를 맺게 하신다. 죄에 대하여 피흘리기까지 싸우라는 말씀을 붙잡으며 소리 소문 없이 어느 틈새로 들어오려는 죄에 대해서 적극적인 저항 또한 필요하다. 그런 성화의 과정을 통해 성령의 열매가 맺어간다.

가끔 부도덕하거나 부패한 목회자에 관한 기사가 세상의 이목을 받고 있을 때면 나 역시 부끄러워지고 이 땅의 부패한 목회자들을 향해 절통한 마음을 가지고 있고 동시에 나는 어떠한지 두려움으로 스스로 돌아보게 된다.

그렇다면 이런 질문을 해 오는 이들에게 어떻게 나아가야 할까?

첫째, 공감해주고 들어주라.

목회자에 대한 기대심리가 있기에 그 만큼 실망감을 갖게 된 이웃들이다. 무작정 그런 목사는 별로 없다며 버럭 대며 반박하지 않아야 할 것이다. 안타깝지만 기독교가 오늘날 세상 사람들에게 조롱거리가 된 데에는 목회자의 타락과 무관하지 않다. 안타까운 이야기지만 신학교 학생들 사이에서 교사 출신의 배우자를 선호하고, 재정적 능력을 갖춘 처가를 선호한다는 것은 이미 오래전부터 있어왔던 이야기이다. 지금은 작고하신 고 옥한흠 목사님 역시 목회자의 타락을 안타까워하며 눈물과 애통함으로 회개를 호소하던 모습이 눈에 선하다. 목회자의 부패로 인해 상처 입은 영혼들에게 우리는 용서를 구해야 하며 마음과 귀를 열어 이들의 다친 마음을 수용하며 감싸 주어야 한다. 진심으로 들어주고 교회나 목회자의 잘못에 대해 같은 그리스도인으로 공동책임감을 가지며 겸허하게 들어주는 태도가 필요하다.

"그렇군요. 같은 기독교인이지만 참 부끄럽습니다. 사실 예수님께서 세우신 교회는 완전하지만 교회를 구성하는 사람들은 많이 부족합니다. 그건 목사도 마찬가지입니다. 이 세상에 완벽한 성도, 완벽한 목사는 없습니다. 그렇지만 하나님이 부족한 사람들을 인생이라는 시간 속에서 오늘도 만들어 가고 계시지요."

논쟁하지 말고 불신자의 의견을 수긍하는 태도를 가진다면 한결 복음을 전할 수 있는 가능성을 열어두는 셈이다.

둘째, 본이 될 수 있는 분을 소개하자.

얼마 전 한 분의 목회자가 인터넷 기사에 올려 진 적이 있었다. 요즘 기독교에 대한 네티즌의 반응이 워낙에 살벌해 그 기사마저도 악플러들의 가십거리가 되겠구나 싶어서 내심 기대하지 않고 반응을 살펴봤는데 긍정적인 댓글 또한 적지 않았다는 것이었다. 그들의 내용은 주로 이랬다.

"우리나라에 저런 목회자가 있다면 나도 교회 다녀 보겠다."

"아직도 저런 분이 있다니…"

"교회를 다니고 있지는 않지만 훌륭하신 분이네요."

네티즌이 이 정도의 반응을 보였다면 대게 엄청나게 훌륭한 업적이 있는 분이라 생각하겠지만 기사의 내용은 의외로 단순하고 평이했다. 대형교회 목회자 임에도 불구하고 그 분의 삶이 심플하고 검소했으며 교회의 부패와 기성화를 막기 위해 몸소 청년 마인드를 가지고 살아가는 그분의 삶의 방식, 목회 철학 등등 대게 그런 내용이었다. 네티즌의 긍정적 댓글을 보며 느낀 것은 교회와 목회자가 보다 성경적이고 본질적인 삶으로 성실히 살아가는 것이 이들에게 훌륭함의 척도가 될 수 있다는 것이었다. 물론 무조건적이고 악의적인 악플러들도 많이 있지만 그래도 아직은 좋은 것을 보며 좋다고 말할 줄 아는 일부 사람들의의 반응 속에서 작은 희망을 느꼈다.

이들의 댓글을 대충 읽어보며 그래도 사람들은 좋은 것을 보면 좋다고 말할 줄 알며 모델로 삼고 싶어 한다는 것을 알게 되었다. 이런 질문을 해 오는 이에게 훌륭한 목회자도 있다는 것을 구체적으로 제시를 해 준다면 조금은 이들의 마음이 누그러질 것이다.

마지막으로 전도 대상자가 마음이 조금 열린 상태이며 깊은 대화를 원한다면 조금 더 적극적인 차원에서 한 가지 되물어 보라. 따지고 보면 자신하고는 직접적인 연관이 없는 그 목사 때문에 당신의 영혼 구원이라는 중대한 문제를 놓쳐야 하는지 말이다.

자경씨는 35세의 미혼 여성이며 현직 교사이다. 그녀를 처음 보았을 때 얼굴에 피곤하고 지친 기색이 역력했는데 언뜻 보아도 삶의 무게가 만만치 않겠구나 싶었다.

자경씨는 중고등학생 시절 교회에 꾸준히 다녔지만 대학에 진학한 후 과와 동아리 활동에 열심을 내면서부터 자연스럽게 교회에 발걸음을 끊게 되었다. 살아가면서 가끔 외롭고 힘들다 느껴 질 때면 간혹 교회생각이 날 때도 있었지만 그저 그 뿐이었다. 하지만 언제부터인가 나름대로 교회를 향한 호의적인 마음도 없어지고 불신이 더 앞서게 되었다. 그 시점은 어느 날 친구로부터 예전에 다녔던 교회의 목사님과 관련된 각 종 비리에 관한 소식을 들은 후부터였다.

'기독교의 진리를 가르치는 목사가 그 정도의 도덕적 수준밖에 되지 않는다면 누가 교회에 다니겠어?'

'목사 자신의 삶도 변화 시키지 못하면서 누가 누구를 가르친다는 거야?'

대학 졸업 후 몇 번의 임용고시 도전 끝에 합격하게 되었고 서울 시내에 있는 한 고등학교에 교사로 재직할 수 있었다. 하지만 교사생활이 순탄치만은 않았다. 공부할 때는 교사만 되면 모든 것이 해결될 것만 같았는데 막상 현장에서 교직생활을 해보니깐 그동안 생각지 않았던 문제들로 인해 마음고생이 이만저만이 아니었다. 학생들을 가르치면서 수업스킬도 부족했고 학생들을 이끌어 나가는데 필요한 카리스마도 부족해 자신이 부족하고 교사적인 자질이 없는 무능력한 사람으로 자주 느껴졌다. 그리고 다른 교사들과의 관계에서 여러 가지 부분에 있어서 잦은 마찰을 가지게 되자 학교생활 즐겁지 않았다. 어렵게 공부해서 직업적인 안정을 보장 받으며 온 자리인데 자경씨에게는 이 모든 것이 너무나 힘들게만 느껴졌다.

'과연 계속해서 내가 교사라는 직업을 가지고 살 수 있을까?'

뿐만 아니라 그 무렵, 아버지가 뇌출혈로 쓰러지게 되었다. 그 전날까지만 하더라도 건강하게 일하셨던 아버지가 갑작스런 뇌출혈로 갑자기 쓰러지게 되자 순식간에 집안에 무겁고 두려운 공기가 감돌았다. 집안 형편이 넉넉한 것도 아니었는데 아버지의 뇌출혈로 인해 맏딸인 자경씨가 경제적인 가장이 되어버린 것이었다. 그녀에게 생생한 현실로 다가오는 삼중고를 혼자서 이고 가기에는 너무나 힘들었다. 마음에 엄청난 부담 가운데 한참을 허우적대고 있었다. 그 무렵 부쩍 교회에 나가고 싶다는 생각이 자주 들었다. 물론 가끔씩 교회에 대한 옛날 추억을 떠올리기도 하며 마음한쪽 구석이 따뜻해 져 옴도 느꼈지만 이번만큼 절박하지는 않았다. 그냥 답답하고 괴로운 마음을 벗어 던지고 싶었다. 교회에 가면 내 마음이 평안해지지 않을까 하는 생각이 어렴풋이 들었다.

'그래. 교회에 다시 나가보자. 교회도 잘 찾아보면 훌륭한 목사님이 있는 곳도 많이 있을 거야.'

그 후 자경씨는 교회에 등록한 후 새가족부 초신자 교육과정을 모두 마치고 팀에 연결을 받았다. 그당시 초신자 교육을 받으면서 그녀가 유독 진지한 반응을 보인 부분이 있었다.

"당신과 직접적인 연관이 없는 일부 부패한 목사나 교회 때문에 당신의 영혼 구원이라는 중대한 문제를 놓치겠습니까?"

그녀는 그랬다.

부족한 목사의 인격과 부패성을 보며 교회를 향해 마음을 닫고 있었지만 힘든 고난이라는 문제 앞에 그것은 아무 소용도 없고 의미도 없다는 것을 깨닫게 되었다.

기독교의 부정적인 이미지에 대한 거부감이 큰 사람들은 주로 기독교 진리 자체에 대해 거부하기 보다는 세상 가운데 부정적으로 비춰진 기독교의 이미지를 보며 판단하는 선입견을 가지고 있다. 목사가 마음에 들지 않아서 교회 다닐 생각이 없다는 고백도 결국 부정적인 미러효과라 볼 수 있다. 어느 어느 교회 목사의 부족한 자질은 사실상 목회자를 험담하는 당사자들과 아무런 상관이 없을 가능성이 크다. 이들이 더 이상 깨진 거울이 아닌 실체를 만나게 해야 한다.

목사의 부족함을 이리 저리 꼬집어 내며 교회 다니기 싫다고 말하는 사람들은 사실상 자신이 만들어 놓은 편견일 가능성이 크다. 이들의 편견을 깨뜨리는 것은 쉽지 않은 일이다. 기회가 닿아 아주 훌륭한 목회

자를 소개해 주었을 때 이들이 '어라! 정말 이렇게 훌륭한 분도 있구나.'
하는 반응이 올 수 있으면 나름대로 이 단계에서 바랄 수 있는 성공이
아닐까 싶다.

관용을 모르는 기독교는
너무 편협해!

2

'수입은 별로 중요하지 않아. 그저 굶어죽지 않을 정도, 살아가는데 불편하지 않을 정도만 있으면 되니깐.'

35세의 싱글족인 선아씨. 그녀는 프리랜서 번역가이다. 직업만큼이나 그녀의 삶도 참 자유로워 보인다. 일반적으로 그 나이에 가지게 되는 결혼에 대한 중압감도 전혀 없어 보이고 부모님의 극성스런 외압에도 꿋꿋하게 잘 견뎌낸다.

'난 지금이 충분히 좋아. 내 삶에 부족함이 없는데 굳이 결혼이라는 제도 속에 나를 가둘 필요가 뭐가 있을까?'

그녀는 대학 시절부터 다니기 시작한 해외 배낭여행이 벌써 몇 번째 인지 모를 정도로 세상구경 하는 것을 좋아한다. 특히 인도에서의 배낭여행은 선아씨에게 강한 인상을 심겨 주었다. 소유와 상관없는 인도 사람들의 행복 지수를 보며 그들이 삶의 어떠한 모습이든 받아들일 수 있는 힘은 그들의 종교성이라 생각 되어졌다. 선아씨가 세계 곳곳을 다니며 얻은 것이 있다면 다양한 삶의 스타일과 문화, 종교를 편견 없이 받아들일 수 있는 가치적인 중립과 관용이었다.

'이 세상 어디에도 이해하고 관용하는 것만큼 아름다운 것은 없어.'

하지만 기독교에 대한 생각은 단호했다.

"다른 종교에는 구원이 없다는 것은 말도 안돼요. 물론 기독교가 각 나라와 문화에 미친 긍정적인 영향도 있겠지만 오히려 그런 배타성 때문에 기독교 이름으로 자행된 전쟁과 살육도 만만치 않았잖아요. 기독교의 정신이 원래 사랑과 용서가 아닌가요? 그런데 자신의 종교에만 구원이 있다고 외치며 다른 종교를 인정하지 않는 건 모순 아닌가요? 게다가 글로벌 시대를 살아가는 요즘시대 정신과는 더더욱 맞지 않죠."

사회적인 관심이 높아진 요즘 기독교를 공격하는 내용 중에 가장 많은 부분을 차지하고 있는 질문이다. 이들은 다른 종교는 많은 부분을 허용하는 것 같지만 이상하게도 기독교에 대해서는 날카로운 잣대를 가지며 폄하하며 조롱하기를 일삼는다. 기독교에 대한 부정적인 생각의 중심에는 항상 기독교의 편협성에 관한 문제가 있었다.

그들이 말하는 기독교의 편협성은 무엇인가? 그것은 바로 '예수만이 구원의 길'이라 외치는 진리를 독단이라 생각하는 것이다. 어째서 기독교에서만 구원의 길이 있다 말하는가? 산꼭대기에 올라가는 길과 방법은 많다는 것이다. 이쪽 길도 있고 저쪽 길도 있고 걸어서 가기도 하고

자가용을 타거나 케이블을 타고 가기도 한다는 것이다. 기독교에서는 어째서 한 방법만 있다고 말하며 타 종교의 진리에 대한 진실성을 부정하는 것인가? 하며 기독교를 굉장히 독선적인 종교라고 말하고 있다.

또한 기독교의 기본 정신이 사랑이라 말하면서 구원에 대해 독단적인 기독교 자체에 대한 모순을 말하며 기독교는 이중 잣대를 가진 위선적인 종교이며 기독교인들도 두개의 얼굴을 가진 이중인격자들이라 말하고 있다. 정말 과연 그러한가? 그들은 무엇 때문에 이토록 험한 얼굴을 하며 거친 말들을 무섭게 쏟아내고 있는가?

'예수만이 구원의 길'이라는 선언은 그 자체만으로 현 시대를 살아가는 사람들의 정서에 맞지 않다. 다원주의, 즉 포스트 모던 시대를 살아가는 시대정신과 맞지 않다는 것이다. 지금의 시대는 특정한 자기 종교와 자기 가치만을 주장하는 것은 어리석은 것이라 말하고 있다. 마치 네 살배기 아이가 '모든 게 다 내거야' 하는 말처럼 유치하고 미성숙한 태도처럼 느껴진다. 모든 것에는 진리가 있고 각자의 진리를 인정하며 허용하는 것이야 말로 참된 관용이고 성숙한 태도라고 말하고 있다. 불교가 기독교에게 크리스마스를 축하한다는 메시지를 보내는 것을 보며 뉴스에서는 훈훈한 소식이라고 말하고 있다. 이런 시대에 기독교의 진리만을 고수하며 외치는 것은 시대정신을 모르고 타인을 향한 배려가 없는 독단적인 모습이라 생각한다.

또한 이러한 기독교의 메시지가 일방적이고 억압적이라 생각되어진다. 억압에는 반드시 저항이 따르기 마련이다. 기독교를 편협하다 말하는 것에는 비기독교인들의 저항심리가 작용되어져 있다.

그렇다면 이런 유형의 사람들에게 다가설 우리의 자세는 무엇인가?

우선 기독교 구원의 진리를 편협하다 생각하는 사람들에게 해 줄 논리적인 말이 있어야 한다.

하지만 그럼에도 불구하고 놓치지 말아야 할 사실은 기독교 진리에 대한 분명한 정의이다.

진리라는 것은 서로 허용하고 타협하는 부분이 아니다. 예를 들어 수학문제의 정답이 20인데 10이라고 말하는 사람을 위해 15라는 답으로 절충할 수 없다는 이야기 이다. 세상 사람들이 아무리 다른 종교에도 구원의 길이 있다 해도 우리는 그 메시지를 허용할 수 없다. 말씀에 그렇게 나오지 않았기 때문이다. 이것은 편협도 독단도 아니다. 단지 진리를 믿고 수호하는 우리의 자세인 것이다. 우리에게는 그것을 전할 의무와 권리도 있다. 물론 상대방이 그 메시지를 듣고 그것을 거부할 권리도 있다. 그것까지 우리는 제한할 수는 없다. 그것은 그 사람의 선택이니깐. 하지만 진리를 믿는 사람의 입장에서는 그 진리를 알지 못하는 사람을 향해서 안타까운 마음이 당연히 드는 것이다. 특히 구원에 관한 문제니 얼마나 안타깝겠는가? 아마 그 점이 부각되다 보니 비기독교인들이 기독교는 편협하다 말하는 것이다. 하지만 정말 그러한가?

윌로우크릭교회의 부목사 리스트로벨의 '친구의 회심'이라는 책에 기독교 구원관에 관한 적절한 비유가 나온다.

두 개의 골프장이 있다. 첫 번째 골프장은 오로지 회원이 되어야만 들어갈 수 있다. 일정한 자격이 있어야 하고 어느 정도 기준이 되어야 회원이 될 수 있다. 어떤 사람들은 아무리 노력해도 골프장 출입이 거부된다. 일반 종교들의 경우도 이와 다르지 않다. 신자들은 자신의 신으로부터 은총을 얻기 위해 무엇인가를 해야만 하기 때문이다.

두 번째 골프장은 누구나 들어갈 수 있는 골프장이다. 남자, 여자, 흑인, 백인, 노인, 젊은이 누구나 들어갈 수 있다. 누구나 그리스도 안에서의 회개와 믿음을 통해 들어갈 수 있는 것이다. 이 골프장은 누구든지 들어오는 자들은 내보내지 않지만 골프장에 들어갈지 말지는 오로지 본인의 판단에 달려있다. 이것이 바로 기독교의 가르침이다. 자, 이래도 편협하고 배타적인가? 문은 언제나 오고 싶어 하는 사람들을 향해 열려 있다.

적어도 진리를 찾고자 하는 구도자이거나 논리에 대해 곰곰이 생각해 볼 줄 아는 사람들이라면 진지하게 생각을 해 보고 자기 나름의 답을 찾게 되든지 아니면 더 이상 '기독교는 편협하다'라는 편견을 슬슬 누그러뜨리기 시작할 것이다.

또 한가지는 이들은 메시지 자체에 대한 거부감도 있지만 그 메시지를 전달하는 이의 태도에 따라 이들의 마음에 편견을 가지게 된다. 이들은 고압적인 자세로 나오는 기독교인들을 좋아하지 않는다.

'메시지는 높게, 자세는 낮게'의 태도가 무엇보다 필요하다.

가장 차원 높은 기독교의 진리를 겸손한 자세로 상대방에게 전한다면 이들은 메신저를 보며 더 이상 기독교가 편협하고 독단적이라는 단순한 생각 가운데 머물지는 않을 것이다.

한동안 내가 자주 가는 서점이 있었다. 어느 동네에 있는 허름한 서점이었는데 비록 규모는 작았지만 나이든 사장님이 워낙 친절했고 찾는 책이 없으면 그 자리에서 바로 주문해 주시는 센스까지 보여주는 덕에 한동안 단골처럼 들렸다. 들릴 때 마다 신학 서적을 찾아대니 그동안 사장님이 내 정체가 궁금했나 보다.

"교회 다니시나 봐요?"

"아......네.. 교회에서 사역하고 있습니다."

"아.......그렇군요. 어쩐지."

"혹시 사장님은 교회 다니고 있으신지?"

"아닙니다."

"아...... 네."

그리고 잠깐 대화가 끊어 졌는데 손님이 없어서 인지 아니면 그날따라 말동무가 필요했던지 사장님이 계속 이야기 나누고 싶어 하는 분위기였다.

"그런데...... 저...... 목사님 앞에서 이런 이야기해도 되는지 모르겠지만 교회도 그렇고 기독교인들도 그렇고 너무 편협하고 자기들밖에 모르는 것 같아요."

"아......네. 그런데 혹시 무슨 안 좋은 기억이라도 있으신가요?"

"아니...... 뭐. 꼭 그렇기 보다는 보통 교회 다니는 사람들 보면 다른 사람들은 다 틀렸다 하고 자기들만 옳다고 하잖아요. 꼭 기독교만 믿어야 천국 갈 수 있다는 말도 좀 억지스럽습니다. 모든 것에는 입장에 따라서 다 정답이 될 수 있고 이유가 될 수 있는데 너무 자기밖에 모르는 것 아닌가요? 게다가 이기적인 사람들도 많고요. 거, 정치판에서 싸우는 사람들도 다 교회 장로들 아닙니까? 기독교인들이 오히려 더 관용을 모르는 것 같습니다."

그동안 기독교에 대해 사장님이 하실 말씀이 많았나 보다. 특히 마지막에 던지는 말을 듣고 순간적인 부끄러움이 확 올라왔다.

"네… 사장님. 그렇게 생각할 수도 있겠네요. 무엇보다 우리 기독교인들이 그동안 그런 이기적인 모습을 많이 보여 왔는데 정말 반성해야 할 점입니다. 그 점에 대해선 저도 부끄럽네요. 그런데 사장님! 혹시 외국 사람이 우리나라에서 뿌리를 내리고 살려면 필요한게 뭔지 아십니까?"

그 순간 사장님을 이해시킬 예화가 퍼뜩 생각이 났다.

"글쎄요… 국적을 취득해야겠죠."

"맞습니다. 국적을 취득해야 하는데 그렇게 하려면 대한민국 국민으로 인정되는 여러 가지 귀화조건 맞아야 합니다. 그 자격요건과 방법이 엄중하고 까다롭다 해서 대한민국은 편협하고 자기 밖에 모르는 나라라고 따지고 들 수 없습니다. 마찬가지로 하나님 나라 백성이 되려면 '예수님'을 믿어야 하는 조건이 필요한 것입니다. 이것은 하나님이 제정한 나라의 법이지요."

그러자 사장님이 잠깐 공감되는 표정을 지으시곤 한결 부드러운 태도를 보이시는 것이었다.

그리고 더 이상 억지 권고를 하지 않았다. 그 후에도 나는 계속적으로 그 서점에 들렀고 꾸준히 책을 구입했다. 손님이 없을 때 가끔씩 사장님과 기독교에 관한 이야기를 나누면서 개인적인 친분을 쌓아 나갔다. 놀랍게도 그 후로 사장님이 사업적인 어려움을 겪으며 힘든 시기를 보내는 동안 예수님을 영접하게 되었으며 현재 그 동네에서 가까운 교회에 출석하고 계신다.

이 분처럼 기독교에 부적절한 이미지를 갖고있는 사람들이 바로 신앙을 갖는 경우는 사실 흔하지 않다. 개인의 어려움이 신앙을 받아들이는데 가장 큰 작용을 했다. 하지만 처음부터 마음 문이 열린 것은 아니었다. 수용하는 태도와 납득할 만한 친절한 설명이 그 마음에 장벽 하나를 무너뜨린 것이었다.

이들은 완전히 적대적이거나 진리자체를 부정하지는 않는다. 어느 정도 기독교 진리도 인정하지만 개인적인 자신의 견해들이 들어가 있다. 또한 앞서 언급한대로 기독교 자체에 대한 거부감 보다 기독교과 관련된 여러 가지 부정적인 이미지에 의해 마음이 닫혀 진 사람들이다. 기독교인들이 보다 겸손하고 유연한 자세로 복음진리를 수호해 나가며 세상과 함께 호흡한다면 이 유형의 사람들 역시 보다 열린 마음으로 기독교 진리에 관심을 가지게 될 것이다.

미래 성도를 위한
Action Plan

1. 논쟁에 휘말리지 마라.

이들은 기독교에 대해 큰 적대감을 나타내지는 않지만 그렇다고 기독교에 대해 쉽게 수용할 마음은 없다. 자신이 따로 가지고 있는 가치관이 분명하기 때문이다. 오히려 자신의 가치관을 입증해 보이기 위해 전도자가 다가오면 종교적 논쟁을 일삼으려 한다. 하지만 그것은 기독교를 수용하기 위해서가 아니라 전도자에게 무안과 무시를 주고 동시에 자신의 우월성을 드러내고 싶은 마음이 크다. 이런 경우 1단계와 마찬가지로 종교적 논쟁에 휘말려 들어서는 안 된다.

2. 겸손한 태도를 유지하라.

이들 역시 기독교인들의 태도에 대해 부정적으로 생각하는 경우가 많다. 다원주의적인 성향이 강한 이들이 보기에는 기독교인들이 상당히 독선적이고 이기적으로 보이는 까닭이다. 무조건 기독교를 싫어하는 사람들과 마찬가지로 전도자의 말을 듣기보다 아직은 자신이 주장하고 싶은 말이 더 많은 사람이기에 끝까지 겸손함을 유지하며 충분히 들어주라. 특히나 이들은 상대방의 태도를 보며 메시지를 들어야 할지 말지를 평가한다.

3. 이들의 논리를 능가할 변증적인 답변을 준비하고 있어야 한다.

이들은 자신만의 분명한 논리를 가지고 있기에 그것을 능가할 만한 내용을 항상 준비하고 있어야 한다. 그러기 위해서는 물론 공부해야 한다. 이들이 하는 말을 충분히 다 들어준 다음 한번 즈음 되받아치는 말을 하며 일침을 가할 필요도 있다. 예를 들면 "네. 맞습니다. 네. 그렇게 생각할 수도 있겠네요. 그런데 ○○님. 그 점에 대해서 성경은 이렇게 말하고 있는데 ○○님 생각은 어떤가요?" 이런 식이다. 물론 말하기 좋아하는 논쟁꾼들은 호락호락 물러서지는 않겠지만 이정도 세기(?)로 나오면 의외로 많은 사람들이 자신의 논리에 자신 없어 하며 교만한 자세를 고쳐 앉는다. 변증의 내용에 관해서는 시중에 나와 있는 기독교서적을 이용하라. (ex. 티타임에 나누는 변증학…)

4. 매력적인 대안 또한 역할 모델을 제시해 주라.

이 사람들은 실용적이고 다원주의 성향을 가지고 있기에 자신에게 유익하고 매력적인 대안을 제시하면 어느 정도 수용하고자 하는 마음을 가지고 있다. 기독교 색체가 짙지 않지만 좋은 메시지를 가지고 있는 기독교적인 강좌나 책, 또는 문화공연이 있다면 소개해 주어라. 또한 기독교의 진리를 세상 가운데 아름답게 실천하는 사람이나 단체를 소개해 주는 것도 괜찮다. 이들이 기독교에 대해 좋은 향기를 느끼게 하는 것만으로도 충분하다. 복음에 대해 조금이라도 열려 있는 문이 꽝 닫혀 있는 문 보다 훨씬 낫기 때문이다.

비신자 유형의 특징

● 종교 자체에 대해 별다른 관심이 없다. 그렇기 때문에 종교와 관련된 대화의 내용은 대부분 간결하고 짧다.

- "기독교요? 글쎄 생각 해 본적 없는데요."

● 이들은 현세의 가치에 중점을 두며 살아가고 있다. 이들에게 종교는 그다지 중요하지 않고 필요하지 않다. 그저 죽기 전에 한번 즈음 생각할 수 있는 그 정도의 무게일 뿐이다.

● 세상의 보편적인 가치에 순응하며 살아간다. 순리대로 착하게 살다가 죽으면 혹시나 좋은 세상 갈 수도 있는 것이고 아니면 죽으면 그뿐이라는 생각을 가지고 있다.

● 죄에 대해서도 적당히 무감각하다. 약간의 죄는 짓고 살아 갈 수도 있다고 생각하는 보편적인 많은 사람들이 이 유형에 속한다.

● 포스트 모던시대의 정신을 가장 많이 닮아 있다.

● 구속받는 것을 싫어하며 자유로운 사고를 가지고 있다.

● 실용적인 사고가 강하다. 종교도 실용적인 가치로 평가한다. 자신에게 이익이 있는가 없는가로 따져본다.

3

기독교요?
종교 자체에 별 관심이 없어요.

교회 나갈 이유를 몰라

3

27세의 지민씨는 광고기획회사에 다니는 커리어우먼이다. 회사입사한지 2년이 지났지만 매일 바쁜 삶의 연속이다. 아침마다 이어지는 회의부터 시작해 하루에도 몇 번씩 인쇄물을 들고 좁다란 을지로 골목길을 정신없이 다니다 보면 하루가 언제 지났는지 모를 정도이다.

하지만 이제 이 생활도 비교적 익숙해 졌다. 평일엔 주로 퇴근이 늦는 편이라 주말에 주로 친구들과 약속을 잡는다. 친구들과 만나면 맛있는 음식을 먹으며 정신없이 이어지는 수다에 한 주간의 스트레스가 한방에 날라 가는 것 같아 그 시간이 즐겁기만 하다. 가끔은 친구들과 함께 신나는 음악에 몸을 맡겨 춤을 추기도 하며 나름대로 인생을 즐겁게 살아가는 요즘 젊은 세대의 여성이다.

사실 지민씨는 매사에 낙천적이고 긍정적인 편이다. 물론 일을 할 때는 시간에 쫓겨 힘들 때가 있고 스트레스가 있지만 친구들을 만나 정신없이 웃고 떠들고 나면 그 힘듦도 비교적 쉽게 넘어가진다. 자신을 사랑해주는 가족들이 있고 의리 있는 친구들이 있고 오래되어 편안한 남자친구가 있고 직장도 있고 소비하고 싶을 만큼 쓸 수 있는 돈도 조금 있다. 그래도 가끔은 힘들다 투정을 부릴 때도 있지만 사실 지민씨의 속마음은 이렇다.

'내 삶에 만족하고 있어. 아무 문제가 없잖아. 뭐, 이 정도면 행복한거 아닌가?'

38세의 상민씨. 회사에 다니고 있는 그는 마케팅 부서의 잘 나가는 과장이다. 아이디어뱅크라는 별명을 가질 정도로 그의 기획안은 늘 탁월했고 반짝였다. 그 덕에 젊은 나이에 비교적 빠른 승진을 할 수 있었다. 그의 또 다른 별명은 '승진 1 순위'이다. 하지만 그가 이렇게 아이디어 하나만으로 빠른 출세를 달린 것은 아니었다. 남들보다 더 뛰어나고자 회사에 입사하는 날부터 철저하게 자기관리과 인맥관리를 하고 참신한 아이디어를 얻기 위해 늘 시대감각을 잃지 않으려고 다방면으로 개인의 능력을 다져온 사람이었다. 그동안 그의 삶은 치열했고 바빴다. 이제는 결혼도 했고 두 딸을 거느린 능력 있는 남편이자 삶의 안정궤도 가운데 든 것 같지만 그의 속마음은 여전히 여유롭지 않다.

'아직도 가야할 길이 멀어. 내가 원하는 곳 까지 가려면 지금 여유를 부릴 때가 아니야.'

공통적인 것은 이들의 삶에 종교적인 어떤 요인이 들어갈 만한 틈이 발견되어지지 않는다는 것이다. 한 사람은 자신의 삶에 아무런 부족함이 없어 보인다. 모든 것이 넉넉하고 모든 것이 촘촘히 채워져 있는 것 같다. 뿐만 아니라 가진 소유들로 인한 자기만족까지 있다. 또 한 사람은 어떤 위치까지 오르겠다는 분명한 목표와 함께 너무나 바쁘게 살아가고 있기에 종교적인 필요를 느낄 여유조차 없어 보인다. 그 외에도 교회를 나갈 필요를 찾지 못하는데는 여러 가지 이유가 있겠지만 세대별로 크게 세 부류로 나누어 보자면 다음과 같은 공통된 이유들이 있다.

초실용성과 감각적인 것을 추구하는 10, 20대에게는 종교라는 것은 큰 매력으로 작용하지 않는다. 이들에게 인터넷, 휴대전화, 게임, 돈, 쇼핑, 외식문화는 필수항목이며 그 중심에는 다양성과 정보 그리고 속도가 있다. 이런 감각적이고 속도지향적인 세대에게 교회라는 이미지는 시대의 속도를 놓쳐버린 구시대의 전유물 즈음으로 생각을 한다. 교회는 그저 나이든 노인들이 다니는 곳이던지 구닥다리 사고를 가지고 있는 사람들이 다니는 곳이라 생각한다. 하지만 이 세대의 이러한 감각적인 사고보다 더 심각한 것은 모든 것이 너무나 풍족한 데서 오는 결핍현상에 있다는 것이다. 사람들이 신앙을 가지는 데에는 여러 가지 계기와 이유들이 있겠지만 일반적인 마음의 중심에는 대게 절박함이 있기 마련이다. 물론 젊은 사람들이다 보니 인생의 절박함을 가질 어떤 계기들이 아직 일어나지 않았을 수도 있다. 하지만 이 세대가 누리는 넘치는 풍족함으로 인해 이들이 인생의 절박함을 덜 느끼고 있다는 것은 사실이다.

언젠가 강남에 있는 한 교회 대학부에 선교세미나에서 초청강사로 간 적이 있었다. 세미나를 진행하는 내내 어떤 벽을 느끼게 되었는데 그것은 바로 이들과의 격차였다. 그 날 준비해간 내용은 고난을 이기는 힘은 비전에 달려 있다는 주제였는데 문제는 이들이 고난을 받아들이는 느낌이 내가 말하는 것과 많이 다름을 알게 되었다. 물론 그 지역이 부유한 지역이다 보니 그런 문제가 발생되기도 했겠지만 비단 이들만의 문제라고 할 수 없는 것이 교회에서 만났던 청년들에게도 자주 보여지는 모습이기 때문이다. 교회를 다니고 있는 청년들에게도 볼 수 있는 모습인데 하물며 비기독교인 젊은 세대들은 오죽하겠는가?

즉, 고난과 인생의 절박함을 크게 느끼지 못하는 데서 이 세대 10,20대 젊은이들은 교회를 갈 만한 필요를 느끼지 못한다는 것이다. 물론 예외적인 사람도 분명히 있다.

30,40대는 구세대와 신세대의 중간세대이다. 이들은 사회적으로 치열하게 살아가고 있지만 적당히 일탈을 꿈꾸고 싶어 하는 이시대의 마지막 낭만세대이다. 이 시기에 이들은 가정이든 일터든 간에 자신의 사회적 정체성과 입지를 세운다. 결혼을 해서 자식을 낳고 키우면서 가정적으로 안정화를 이룬 시기이자 사회적으로는 자신의 위치를 확고하게 다지고 있다. 이 시기의 준비와 입지를 통해 향후 노후에 대한 설정을 할 수 있기 때문에 마음의 부담이 적지 않다. 하지만 점점 지쳐가는 체력과 뜻하지 않는 삶의 변수를 보며 내심 불안한 마음이 있다. 이 세대의 사람들은 간접적인 전쟁세대이기에 가난이 무엇인지 안다. 또한

삶에 대한 치열함과 절박함이 무엇인지도 적당히 알고 있지만 부모세대에는 없었던 삶의 레져를 원한다. 하지만 조퇴와 명퇴가 일반화된 시대 속에 살아남자면 그것도 마음뿐이다. 이들에게는 신앙을 가질 마음의 여유가 없어 보인다. 아니 어쩌면 이미 사회 속에서 자신의 정체성을 구축해 왔기에 굳이 교회라든지 신앙에 자신을 귀의할 마음이 별로 없다. 종교를 가지며 새롭게 무언가를 한다는 것에 귀찮음 내지 부담감을 가지고 있다. 사는 것이 너무 버겁다 느끼는 순간 교회를 한번 다녀볼까하는 생각이 가끔 들 때도 있지만 왠지 새삼스럽고 멋쩍다. 이들에게 교회를 간다는 것은 지금까지 살고 있는 익숙한 삶의 태도를 바꿔야한다는 부담이 있다. 또한 교회라는 새로운 조직에 적응 한다는 것도 피곤한 일로 다가온다.

50,60대 그리고 그 이후 세대는 이미 자신이 이루어 온 삶에서 안정을 이루며 살아가고 있는 세대이다. 이들은 자신의 삶의 방식이 마음에 들던, 들지 않던 간에 이제는 더 이상 바꿀 필요를 느끼지 않는다. 변화에 대한 두려움도 오히려 30,40대에 비해서 별로 없다. 익숙한 연장이 제일 좋은 연장이라는 생각을 가지고 자신만의 주관과 삶의 노하우를 가지고 살아간다. 종교에 대해서도 이미 자신의 주관적인 생각이 고착화 되어 남의 이야기 따위는 별로 중요하지 않다. 그저 자신이 믿고 있는 것이 최고이다. 지금까지도 잘 살아왔는데 굳이 삶의 방식을 바꾸면서 까지 교회를 다닐 필요를 느끼지 못한다.

그렇다면 우리는 각 세대별로 어떻게 다가서야할까?

감각주의 10,20대들은 문화적으로 많은 것들을 누리며 살아가고 있다. 그들에게는 살아가는데 절박할 어떠한 이유가 없어 보인다. 물질도 풍요롭고 정보도 풍요롭고 SNS를 통해 이루어지는 인간관계도 부족함이 없어 보인다. 하지만 이들에게 쉽게 발견되어지지 않는 치명적인 부분이 있다.

아직 신앙을 가지지 못한 많은 청년들과 상담을 하면서 느낀 것은 이들이 영적 갈증을 가지고 있다는 것이었다. 이들은 '영적 갈증'이라는 단어를 사용할 줄 몰랐지만 신앙적인 상담을 하면서 깊이 있게 그 부분을 다루자 하나같이 눈빛이 흔들리는 것을 발견하게 되었다. 그 영적 갈증이란 바로 하나님만이 채워줄 수 있는 사람 마음 한편에 있는 공백을 말하는 것이다. 파스칼이라는 유명한 학자가 이런 말을 했다.

"모든 사람의 마음에는 하나님이 만드신 하나의 공간, 즉 공백이 있다. 예수를 믿는 사람이든 안 믿는 사람이든 다 마음속에 이 공백이 있다. 이것은 어떠한 피조물로도 채울 수 없고 오직 예수 그리스도를 통하여 하나님만이 채워주실 수 있는 공백이다."

쉽게 말해서 하나님이 아니고서는 어떠한 것도 영혼에 만족을 주지 못한다는 말이다. 산해진미 음식을 몇 달간 매주 먹어 봐라. 얼마 못 가서 질려 버린다. 솔로몬 왕 또한 그 시대 최고의 부와 명성을 가지고 있었지만 결국 '이 모든 것이 헛되다'라는 고백을 한다. 지금의 10,20대들은 많은 문화를 가지고 있고 누리고 있지만 안타깝게도 영혼의 부분에 있어서는 빈곤하다. 이들과 진지한 대화를 나누게 되었을 때 정말 행복한지, 정말 만족하는지 물어보라. 대부분이 자신에게 어떤 허전함이 있음을 말할 것이다. 이런 이들에게 참된 만족과 기쁨이 하나님으로부터 오는 것임을 소개해 주어라. 적어도 이들이 마음이 열려진 상태라면 그동안 자신들이 얼마나 영혼의 갈증을 느끼고 살았는지 깨닫고 그 해결책에 대해 긍정적인 반응을 보일 것이다.

30,40대는 이들의 마음 가운데 삶의 치열함을 느끼는 동시에 언제 마이너로 밀려날지 모르는 두려움과 조급함이 있다. 한참 사회적 입지를 다지고 있는 30대 보다 40대가 더 그러할 것이다. 그러나 30대건 40대건 그 체감의 정도가 다를 뿐이지 이미 자신의 삶에 생존이라는 주사위가 던져진 이상 누구라도 벗어날 수 없는 부담이다. 하지만 이들의 간절한 마음은 자신을 향해 죄어오는 삶으로부터 쉼을 누리고 싶다는 것이다. 팽팽한 줄이 끊어져 나갈 것 같은 긴장과 압박 속에서 좀 느슨해지고 싶은 마음이 있다. 분명 이들에게는 정신적인 여유로움과 영적인 쉼이 필요한 듯하다. 최근 서양에서 동양 종교에 많은 관심을 보이는 것도, 한때 느림의 미학에 관한 책들에 관심을 보이는 것도 이런 이유에 기인하고 있다. 하지만 교회야 말로 이들이 그토록 찾고 싶어 하는 답을 줄 수 있다. 늘 사명과 목적으로 사람들을 고취시키는 조직냄새가 풀풀 나는 그런 단체가 아니라 이들의 정신적인 부분에 보다 많은 관심을 가지고 나간다면 이들이 살면서 문득 힘들다 느낄 때 한 번씩 고개를 돌려보게 될 것이다.

50,60대 그리고 그 이후의 세대는 새로운 변화를 부정하며 그동안 구축되어져온 자신의 주관과 주체성을 가지고 살아가고 있지만 실상 이들의 마음에는 점점 더 다가오는 외로움과 허무함의 문제가 있다. 급격하게 떨어지는 체력과 함께 사회에서 점점 외야로 밀려 나는 것에 대해 소외감을 느낀다. 아직도 왕성하게 활동하고 싶은 마음이 굴뚝같은데 벌써부터 '뒷방 노인네' 취급을 하는 것에 대한 서운함이 있다.

그러는 동안 지금까지 바쁘게 살아온 삶을 조금씩 돌아보게 된다. 사회적 지위를 얻기 위해, 집을 장만하기 위해, 자식들 공부 시키고 결혼 시키기 위해 그동안 그토록 치열하게 살았나 싶어 문득 삶에 대한 회환을 느끼며 '과연 이것이 인생인가?' 싶어 마음이 허무해 지기도 한다. 이들은 새로운 변화를 두려워하면서도 한편 또 다른 삶을 찾고 싶어 하는 동시에 활동할 만한 새로운 공동체에 소속되기를 원하는 마음이 있다. 겉으로 보여 지는 이들의 모습은 그동안 살아온 자신의 삶에 너무나 익숙한 나머지 교회공동체나 신앙에 대한 필요를 느끼지 않는다. 하지만 그 내면에는 황혼과 함께 찾아드는 삶에 대한 회환과 외로움으로 새로운 변화에 대한 갈증을 느끼고 있다. 이들은 그동안 살아온 자신의 삶과 주관이 있기에 선뜻 교회에 나오지는 못한다. 하지만 오래도록 이들과 함께하며 어떠한 상황에서도 이들의 존재감을 느끼게 해 주고 마음을 이해해 준다면 자연스런 계기를 통해 교회에 이끌 수 있을 것이다.

종교 자체에 별 관심이 없는 사람들은 기독교에 대해 극히 비판적이지도 우호적이지도 않다. 기독교와 자신은 아무런 연관이 없다고 생각하는 대부분의 사람들이 이에 속한다. 이들이 교회에 관심을 보이지 않는 이유는 단순하다. 교회성장연구소의 한 리서치에 따르면 사람들이 교회를 떠나는 이유 중 가장 높은 비율을 차지하고 있는 것이 흥미가 없어서이다. 즉, 교회가 사람들의 필요를 채워주지 못하고 있다는 것이다.

하지만 정말 교회가 사람들의 필요를 채워주지 못하는 곳인가?

교회 밖에 있는 많은 사람들이 각자의 만족 속에서 살아가는 것처럼 보이지만 그 마음의 깊은 이면을 들여다보면 비전의 상실, 영혼의 피로, 영적인 외로움, 허무함과 같은 풀지 못하는 문제들로 갈증을 호소하고 있다.

이들에게 다가설 때 획일적인 방법으로 다가서기 보다는 세대별로, 개인적인 특성별로 이들이 가지고 있는 이면의 문제들을 가지고 지혜롭게 다가설 필요가 있다. 또한 교회 차원에서 이 세대 특성에 맞는 프로그램을 개발하여 접근한다면 훌륭한 결과를 보게 될 것이다. 예를 들어 10,20대에게는 세련되고 다양한 문화 컨텐츠를 이용해 전도 집회를 한다거나 편안한 관객이기를 원하는 30,40대를 위해서는 그리움과 휴식을 불러일으키는 드라마와 공연을 이용한 전도 컨텐츠, 50,60대를 위해 웃음치료교실이나 노래교실 등을 통해서 직접 활동할 수 있는 문화 컨텐츠를 이용한다면 교회 다닐 필요를 느끼지 않는 비기독교인들이 조금씩 관심을 보일 것이다.

태민씨는 한 중소기업에 다니고 있는 결혼남이다.

회사에서 깍듯하고 상사를 잘 모시는 태민씨 인생에 어느 날 부담스러운 태클이 걸렸다. 생전 생각해 보지도 않은 교회에 나가게 생겼다. 직장 상사에게 부담스러운 제안을 받은 것이었다.

"박 대리! 이번 주에 시간 좀 내주지! 교회에서 전도행사를 하는데 말이 전도지 사실 문화공연 같은 거니깐 부담 갖지 말고 같이 가는 게 어때?"

"아...... 네...... "

내키지 않았지만 일단 어정쩡하게 대답을 했다. 사실 요즘 같은 시대에 상사에게 잘못 보이면 밥줄이 끊어지는 건 시간문제라는 생각에 달리 거절할 수가 없었다.

'이럴 줄 알았으면 밥이라도 얻어먹지 말걸. 나, 참! 받은 게 있어서 거절도 못하겠고 부담스럽네......'

태민씨는 여태 교회에 관심을 한 번도 가져 본 적이 없었다. 아니 교회 뿐 아니라 종교 자체에 대해 깊이 생각해 본적이 없었다. 그러던 그가 상사의 제안을 받고 며칠 동안 가슴에 무거운 돌덩이를 안고 있는 듯 마음이 편하지가 않다.

'못 간다고 말씀드려? 급한 일이 생겼다고 할까? 아...... 이건 너무 속 보이는 건가?'

그렇게 전전긍긍하기를 몇날 며칠. 더 이상 고민할 새도 없이 그 날

은 다가왔고 울며 겨자 먹는 심정으로 따라 나서게 되었다. 무대에서
펼쳐지는 공연을 보며 '뭐... 교회에서 하는 공연도 나름대로 세련된 구
석이 있네' 반호기심 반시큰둥하며 시간이 지나기를 기다리고 있었다.
그러다가 한 연극 공연을 보는데 이상하게도 마음이 숙연해 지는 것이
었다. 여러 종류의 사람들이 겉으로는 화려하게 살아가는듯 한데 그 내
면을 들추어 보자 깨어진 마음, 일그러진 자아상, 뜻 모를 외로움과 두
려움에 사로잡혀 있다는 내용이었다. 누구든 그런 마음이 있다는 것은
모르지 않은 것도 아니었는데 이상하게도 그 날은 그 내용이 더 인상
깊게 다가왔다.

순간, 그동안 묵혀왔던 자신의 마음이 떠올랐다. 늘 팽팽한 긴장 속
에서 치열하게 살아가는 자기 자신, 한 가정을 책임져야 하는 중압감,
또 지금 자신이 제대로 살고 있는 것인지에 대한 의문과 미래에 대한
두려움, 그리고 이 모든 것에서 한 번도 마음을 편하게 놓지 못한 긴장
감. 그동안 그런 생각은 속 깊이 묵혀만 두고 있었는데 그 날, 그 시간의
공감대를 통해 어떤 위로, 희망적인 메시지를 찾고 싶었다.

전도축제가 끝나고 집에 돌아가는 태민씨의 발걸음이 왠지 가벼웠
다. 교회라는 곳이 요즘 사람들과 동 떨어진 곳이라 생각했는데 자신의
마음을 읽어주고 공감해준 교회가 한층 더 가깝고 친숙하게 느껴졌다.

몇 해가 지난 지금 태민씨는 아내와 아들까지 데리고 다니며 교회 예
배에 성실하게 참석하고 있다. 그는 교회 내 한 문화적인 공연을 통해
자기 마음의 공감대를 발견했던 것이었다. 그 필요가 결국 그의 걸음을

이끈 것이었다. 세대별, 특성별 문화적인 접근방법은 비신자들이 교회로 한걸음 나아오는데 중요한 다리 역할을 한다. 물론 문화적인 요소가 절대적이지는 않다. 이것은 더 효과적으로 이들이 하나님께로 돌아오게 하는 그들의 눈높이에 맞춰진 몽학선생의 역할일 것이다.

죄 안 짓고 착하게 살면 되지.

3

팀 간사를 하던 청년 시절 사영리를 전하기 위해 Y대학 캠퍼스로 전도를 나간 적이 있었다. 전도대상자는 주로 한적한 벤치에 앉아 있는 착한 인상의 학생들이었다. 그들이 조금 더 잘 들어줄 것만 같은 인간적인 생각이 앞설 때였다.

"안녕하세요. 교회에서 나왔습니다. 혹시 교회를 다니고 있으신가요?"

"아니요. 지금 좀 바쁜데…."

"죄송하지만 5분만 시간 좀 내 주세요."

"아니 저…"

그다지 강한 거부를 보이지 않는 것 같아 열심히 말을 붙이고 있는데 몇 분간을 어쩔 수 없이 듣고 있던 그가 날카롭게 한마디를 쏘아 붙이며 일어서는 것이었다.

"어차피 종교라는 것은 착하게 살라고 사람들이 만든 제도 같은 것 아닌가요? 남에게 피해 입히지 않는 선에서 살면 되는 거지 굳이 교회 다닐 필요가 있나요?"

그 날의 전도를 통해 두 가지를 느끼게 되었다. 하나는 외모는 믿을 게 아니라는 것과 또 다른 하나는 기독교에 관한 사람들의 오해였다.

"착하게 살면 그만이지. 굳이 종교를 가질 필요가 있나요?"라고 말을 하는 비기독교인의 기본적인 생각은 무엇인가? 물론 여기에서 이들이 말하는 종교는 전도자를 향해 하는 말이기에 기독교를 전제로 하고 있다.

이들의 기본적인 생각은 기독교 역시 타종교와 다를 것 없이 같은 종교적 교리를 가지고 있다고 생각한다. 대부분의 사람들에게 비춰지는 종교는 모두 일맥상통하다. 불교는 자비, 유교는 중용, 기독교는 사랑을 떠올리며 결국 종교는 인간을 보다 선하게 만들어 삶을 조금 더 가치롭게 만드는 것이라 생각한다.

이들은 기독교 역시 어느 종교와 다를 바 없이 특별하다 생각하지 않고 당연히 자신과는 아무런 상관이 없다고 생각한다. 그저 단순하게 생각하기에 천국이 있을지 지옥이 있을지 정확히 알 수는 없지만 착하고 순리대로 살아가면 된다라는 보편적인 가치가 저변에 깔려 있다. 굳이 종교를 얘기하자면 인간이 보다 선한 삶을 살기 위해 종교적 틀을 갖춘 제도적 장치라고 생각한다는 것이다.

실제로 교회성장연구소의 연구 결과에 따르면 비기독교인들 60%

이상이 기독교의 핵심진리가 무엇인지 알지 못한다고 말하고 있다. 그 60% 중에서도 꽤 많은 비율을 차지하고 있는 것이 기독교의 진리는 착하게 사는 것이며 이웃을 돌보며 봉사하는 것이라고 말하고 있다.

영화 '밀양'에서도 종찬(송강호)이 '착하게 살아 보려고 교회 다닌다'며 능청스레 표현하고 있다. 바로 비기독교인이 보편적으로 생각하는 기독교의 이해인 것이다.

그래서 이들이 가지게 되는 생각은 기독교 역시 그저 윤리성을 강조하는 종교이기에 자신들이 어렸을 때부터 익혀온 도덕만으로도 살아가는데 충분하다고 생각하는 것이다. 지금 살아가고 있는 도덕을 지키는 것만으로도 충분하고 어떤 면에서는 벅차기까지 한데 굳이 기독교에서 말하는 윤리나 율법을 지킴으로 인생을 더 복잡하게 만들 필요가 있을까? 라고 생각한다.

또 한 가지는 착하게 사는 것만으로도 인생 가운데 충분한 답이 된다는 생각을 가지고 있다. 남에게 피해 입히지 않고 자기 일 열심히 하며 이웃과 더불어 살아가는 것만으로 충분히 마음 따뜻해 질 수 있고 훈훈한 인생을 만들 수 있다고 생각한다.

조금 더 적극적으로 사회문제에 관심을 가지는 사람은 굳이 종교의 필요성을 느끼지 않은 채 사회의 약자 편에서 일을 하기도 한다. 정기적으로 복지관을 다니며 자원봉사를 하며 이웃을 돌아본다. 심지어 민간인 NGO가 되어 어려움에 처한 사람들을 도와줌으로 자신의 가치를 실현하며 인생의 답을 찾아가기도 한다. 이들의 모습은 분명 본 받을 만하고 이런 사람들이 있기에 그나마 사회가 따뜻함과 인간미를 유지하고 있는 거라 생각한다.

하지만 정말 "그저 착하게 살면 되지"라고 생각하는 사람들에게 기독교가 필요하지 않는가?

우선, 기독교에 대한 잘못된 이해를 먼저 풀어주어야 한다.

다른 종교는 이들이 생각하는 것처럼 사회의 필요, 또는 인간의 필요에 의해 만들어진 종교이다. 그렇기에 타종교에는 공덕이라는 개념이 있고 인간이 살아가면서 갖추어야 할 예와 도덕성을 크게 강조하고 있다. 하지만 아쉽게도 타종교에서 말하는 윤리와 사람들이 기본적으로 가지고 있는 도덕성만으로 인간이 변화되지 않는다. 오히려 그 도덕성은 시간이 지날수록 사람들에게 도달할 수 없는 답답함과 갈증만 전해다 준다.

기독교는 타종교처럼 인간의 도덕적 행위에 궁극적 관심을 두고 있지 않다. 기독교의 우선 관심은 영혼의 구원이다.

선한 삶을 살아가는 것은 억지로 이루어지는 것이 아니라 영혼이 변화됨으로 자연스럽게 나타나는 믿음의 결과물들이다.

쉽게 말해서 하나님을 제대로 믿으면 착한행실의 열매는 자연스럽게 맺혀질 수밖에 없는 것이다. 시간의 점진 속에서 이루어져 가며 이것을 성화의 과정이라 말하고 있다.

나는 학부 시절 사회복지를 공부했다. 어려운 사람들을 도와주고 싶은 마음에 공부를 하게 되었는데 공부를 하는 동안 실습현장에서 사람들을 만날수록 느낀 것은 어떤 제도나 공급, 관점의 변화를 시도한다 해서 사람들이 궁극적으로 변화되고 환경이 더 나아지는 것은 아니었다. 그것은 일시적인 도움을 줄 수는 있지만 거기까지였다. 나는 그것보다 더 본질적인 해결책을 찾고 싶었고 그 고민이 목회의 길로 들어서게 된 계기가 되었다. 물론 이것은 목회자로 부르심 받은 나의 개인적 소명에 관한 부분이기에 사회복지 무용론을 말하는 것이 아니다. 사회복지는 개인적, 사회적 이유로 최소한의 보장을 받지 못하는 사람들에게 뿐만 아니라 더 나아가 필요를 느끼는 사람들의 행복욕구를 위해 이루어야져야 할 제도적 영역이다.

이렇듯 기독교는 단지 윤리를 강조하는 종교가 아니라 구원받은 영혼의 변화에 관점을 두고 있다는 것을 먼저 밝힌다면 이들은 기독교가 윤리적인 종교 그 이상인 것을 생각해보게 될 것이다.

또 한 가지는 '착함' 혹은 '선함'만으로 인생에 답을 줄 수 없다는 것을 인지하고 알려주어야 한다.

그저 "착하게 인생을 살면 되지"라고 말하는 사람은 인생에 또 다른 변수가 있다는 것을 놓치고 있다. 인간관계에도 최선을 다했고 어느 누구에게도 합격점을 받을 정도로 도덕적인 결함이 없었고 누구라도 불쌍한 사람을 보면 그저 지나치지 않을 정도로 덕과 인품을 가지고 있었는데 어느 날 누군가의 모함을 받게 되어 쫓겨났거나 혹독한 삶의 시련을 겪으면서 만신창이가 된 사람을 보며 어떻게 설명하겠는가? 어쩌다 그런 경우가 있을 뿐이라 말하겠는가? 나는 절대로 그렇게 되지 않을 거라 말하겠는가? 불행하게도 목회를 하는 동안 그런 사람을 숱하게도 보아 왔다. 오히려 자신이 그동안 선하다 생각하며 살아가는 동안 보지 못한 진리를 고통 속에 찾아온 하나님 안에서 발견하게 되었다고 고백하고 있다.

태영씨는 30대 초반의 미혼남이다. 그는 어렸을 때부터 모범적인 가정에서 잘 자라왔다. 부모님 모두 교사였고 종교를 가지고 있지는 않았지만 사회적인 규범과 예의를 강조해왔고 올바른 삶의 가치관을 가르치고자 늘 애쓰셨다고 한다. 한번 즈음은 그런 분위기에서 반항을 할만도 한데 태영씨는 순응을 잘 하는 편이라 그런지 그런 교육적 풍토에서 비교적 잘 자라왔다고 한다. 하지만 2년 전에 갑작스런 일을 겪게 되었다. 그날도 평소처럼 집 근처 골목길에서 운전하고 있는데 여자아이가 갑자기 뛰어나오는 것이었다. 그 때문에 아이가 심하게 다치게 되었다. 다행히 상방과실이 인정되고 아이 부모의 선처로 법적처벌을 받지 않아 한편으로는 가슴을 쓸어내렸지만 한 아이의 인생을 망가뜨린 것은 아닌가 싶어 끊없는 죄책감으로 고통스런 시간을 보냈다. 자신의 인생에 어느날 문득 느닷없이 던져진 이 사건 앞에 자책과 원망을 하며 내내 괴로운 시간을 보내다가 어느날 친구의 권면으로 어렵게 교회에 나오게 되었다.

이처럼 그저 착하게 사는 것만으로 다양한 변수 앞에 놓인 인생의 답을 발견하지 못할 때가 있다. 그것은 인간이 가진 고통의 문제, 죄책감의 문제, 근본적인 영혼의 변화를 해결해 주지 못한다.

　로버트 드니로의 대표적인 작품 '미션'이라는 영화가 있다. 거기에서 나오는 주인공 역시 자신의 죄책감과 영혼의 문제를 해결하기 위해 감당하기도 힘든 무거운 짐을 잔뜩 짊어대며 절벽을 오르내리기를 반복하며 고행하는 장면이 있다.

　어쩌면 인간의 선함이나 착함으로 충분하다는 것은 기독교 진리를 외면한 채 영혼이나 인생의 문제를 해결해 주리라 믿는 인간의 또 다른 고행이 아닐까 싶다.

　3단계 유형의 사람들은 자칫 기독교에 대해 냉담으로 가거나 혹은 편향으로 가는 중간 단계의 사람들이다. 분명 이들도 어떤 부분에 대해서는 사람의 행실만으로 인생의 답이 되어지지 않는 다는 것을 조금 깊이 있게 인생을 살아본 사람들이라면 누구나 알 것이다. 기독교가 일반 종교와 근본이 다르다는 것, 인생에 대한 유일한 답을 가지고 있다는 것을 충분히 납득할만한 언어로 설명한다면 상대방이 적어도 기독교에 대한 불쾌한 감정을 가지고 있지 않는 편견 없는 사람들이라면 보다 긍정적인 반응을 보일 것이다.

내 인생은 나의 것!

3

주일 아침. 1등석 예배실.

고급스럽고 잘 차려진 복장을 한 사람들이 엄숙한 분위기 속에서 예배를 드린다. 모두들 한 목소리 내어 힘껏 찬송가를 부른 다음 느릿느릿하며 경건한 말투를 가진 목사님의 설교에 귀를 기울인다. 경건하고 진지한 예배는 청중들의 마음을 엄숙하게 압도하고 있다.

마치 예배는 따분하기 그지없는 귀족들의 전유물처럼 느껴진다.

3등석 선실 안에서는 서민들의 축제가 열린다. 음악과 술과 춤이 있는 곳. 신나는 음악에 몸을 맡기고 사람들과 함께 춤을 추며 술 마시고 담배도 피고 웃고 떠들어 대고 아무런 가치도 아무런 형식도 구애 받지 않고 즐거울 수 있는 곳. 자유롭고 흥겨운 곳이다. 이곳에서는 신분의 차이도 무가치하고 사람간의 생각 차이도 무가치 하다. 자신을 둘러싼 모든 것을 내려놓고 그저 흥겨움과 자유로움만이 있다.

영화 '타이타닉'의 한 장면이다. 그동안 각 종 제약과 형식에 구애를 받으며 귀족으로 살아온 로즈는 3등석 선실 안에서 서민들과 함께 흥겹게 춤추며 즐거운 시간을 가지게 된다. 그들과 함께 어울리는 동안 이제까지 알지 못했던 인생의 또 다른 재미와 열정을 발견하게 된다.

비기독교인들은 교회를 다니게 되면 더 이상 인생을 자유롭게 살아갈 수 없다고 생각한다. 교회는 사람들에게 각 종 행동을 제약하며 인간의 삶에 엄격한 기준과 잣대를 가지며 간섭을 하고 있다고 생각 한다. 특히 젊은 세대의 사고방식이 사회를 지배하는 이른바 젊음(Youth)과 진화(Evolution)의 합성어인 '유스루션'(Youthlution) 시대가 도래할수록 그런 생각은 더 짙어져 가는 것 같다. 젊은 세대일수록 권위와 고정관념을 거부하고 새로움과 변화를 추구하는 자유로운 사고방식을 가지고 있다. 젊은 세대뿐만 아니라 많은 사람들이 교회는 영화에서처럼 형식에 길들여져 있고 따분하고 재미없는 귀족층에게나 어울릴 수도 있겠다고 말한다. 신앙과 교회는 한없이 자유롭고 싶은 자신들의 날개를 꺾어 버리는 곳이라 생각한다.

아니, 고상하게 말할 필요도 없다. 교회를 다니게 된다는 것은 이들에게 실질적인 삶의 부담을 준다. 당장 교회를 다니며 신앙생활을 하게 되면 일주일의 하루를 교회에서 시간을 보내야 한다. 그것도 가장 소중한 일요일 교회 간다는 것은 정말 생각하고 싶지도 않은 아찔함이다. 하루 종일 TV를 보고 싶고 이불에서 마음껏 뒹굴어 대며 일주일의 긴장을 풀고 싶다. 아무것도 하지 않아도 좋다. 그냥 일요일 그 하루의 즐거운 흐름을 교회에 가는 것으로 끊고 싶지 않다. 누군가에게 일요일은 사랑하는 사람과 하루 종일 시간을 보내고 싶은 날이기도 하고 가족이나 친구들과 함께 영화관이나 혹은 산으로 강으로 놀러가고 싶은 날이기도 하다. 이 소중한 일요일을 서슴없이 교회와 맞바꿀 비기독교인들은 아마도 잘 없을 것이다.

그 뿐 아니다. 신앙을 가지게 되면 사회생활이나 인간관계에 부담을 가지게 된다.

옳은 방법이든 옳지 않은 방법이든 나름대로 사회생활을 잘 하고 살았는데 교회에서 하는 말들을 들어보면 자신들이 잘 못 살아가고 있다는 듯이 말하는 것 같다. 교회에서는 술도 마시지 말고 담배도 피지 말고 성적으로도 문란하지도 말고 크리스천으로서의 정체성을 가지고 똑바로 살라고 말하고 있는데 그렇게 살지 못하면 죄책감을 가지게 된다. 이들은 '왜 자신들이 이런 문제 같지도 않은 문제로 양심의 가책을 느끼고 살아야 하는가?' 하며 오히려 자신들의 자유를 제한하는 교회에 곱지 않은 시선을 보낸다.

신앙을 가진다는 것은 단순히 몸만 교회에 나오는 것이 아니라는 것을 비기독교인들도 잘 알고 있다. 본인이 교회를 잠깐 다녀 보았든지 주변의 사람이 교회 다니고 있던지 아니면 TV를 통해 보았던지 무엇이든 간에 이들이 본 것은 교인들은 종교적 형식에 매여 있는 듯 했고 그 형식이라는 틀 속에 인간의 기본적인 자유나 권리 같은 것을 아예 포기한 듯 한 인상을 받았을 것이다. 인간의 자유를 제한하는 그런 종교라면 그래서 그저 길들여진 존재에 불과 하다면 차라리 신앙을 가지지 않겠다고 말하고 있다. 이들은 돈, 시간, 가치관, 사회생활을 포함한 모든 부분에 대해서 자신의 자유와 권리를 다른 힘에 의해 빼앗기는 것을 도저히 용납할 수 없어 한다.

이들에게 다가서기 전에 전도자들이 우선적으로 해야 할 것은 '자유'에 대한 진정한 정의를 생각하는 것이다.

사람들이 그토록 외치는 자유는 과연 무엇인가? 사전적 의미로는 '남에게 구속을 받거나 무엇에 얽매이지 않고 자기 마음대로 행동하는 일, 또는 그러한 상태'라고 말하고 있다. 옳은 말이다. 비기독교인들이 보기에 기독교인들은 하나님이라는 거대한 종교적 틀에 매여 자유를 억압받고 구속받는 것 같아 보인다.

하지만 이렇게 보는 시각은 어떠한가? 사람은 살아가면서 얼마든지 남에게 구속을 당하거나 무엇에 얽매이기 마련이다. 죄를 지었으면 감옥에 갈 것이고 가족이 있다면 가정이라는 울타리에 얽매이기 마련이고 대출을 받았다면 이미 채권자에게 구속을 받았다는 뜻이다. 그 외에도 많은 경우가 있다. 긍정적이든 부정적이든 그 얽매임은 항상 사람의 행동을 통제한다. 이렇게 우리를 둘러싼 환경 속에서 난 진정한 자유인이라 말할 사람이 어디 있겠는가? 심지어 절에 출가한 사람도 아무도 없는 깊은 산 속에서 자신의 죄와 영혼의 문제로 갇혀있지 않는가? 결론은 자유로부터 완전히 해방된 사람은 아무도 없다는 뜻이다.

하지만 하나님을 믿는 믿음 안에서는 참된 자유를 얻게 된다. 고난이나 위기 속에서도 감옥에 갇혀 있어도 심지어 죽음 앞에서도 믿음으로 인해 영혼의 자유를 누린 신앙인이 무수히 많다. 어떤 환경이든 어떤 상황에든 믿음 안에서 누리는 그의 자유를 빼앗을 수 없다. 아무것도 그의 자유를 구속할 수 없다. 과연 누가 참된 자유인 인가?

비기독교인들이 신앙을 가지면 왠지 자신의 자유를 통제 받을 것 같은 생각에는 일정부분 주변에서 본 기독교인들의 모습이 이미지화되었기 때문이다. 이들이 생각하는 목회자의 모습은 하나같이 두꺼운 뿔테 안경에 성경책을 든 손은 한쪽 가슴에 가지런히 붙이고 있고 머리는 잘 정돈 되어져 있으며 겸손을 표하기 위해 허리를 약간 숙이고 있는 모습을 연상한다. 교인들은 늘 착한 스타일의 옷을 입고 다니며 세상사는 재미는 하나도 모르고 오로지 '아버지! 주여' 하며 기도만 하고 사는 줄 생각한다. 교인들은 농담도 전혀 할 줄 모르는 재미없고 어딘가 경직되어진 사람들이라 생각한다. 또한 이들은 이렇게 이야기 한다. "술도 안 마시고 담배도 안 피우고 놀 줄도 모르는데 답답하지 않아? 도대체 무슨 재미로 살아?" 그러면서 자신도 교회를 다니게 되면 자유를 마음껏 누리지 못하고 저렇게 경직되게 살아 갈 것이라 생각해 지레 겁을 먹는다. 하지만 이것은 이들이 본 모습의 한 단면일 뿐이다.

사람들이 교회를 다니기 싫다며 주장하는 자유는 사실상 선(善)을 향한 자유로운 선택이 아니라 죄를 향해 허용하는 자유이다. 즉, 교회를 다니면 시간에도 자유가 없고, 술도 마실 자유가 없고, 돈도 내 마음대로 못쓰며, 일요일 교회에 가야 하기 때문에 여행도 못 다니고, 하나님 말씀에만 순종하며 갇혀 살아야 하기 때문에 결론은 양심의 가책 없이 자유롭게 살고 싶다는 것이다. 사람들이 그토록 주장하는 이 자유는 사실상 에덴동산에서 아담과 하와가 주장했던 자기 의지의 발로와 같은 것이다. 자기의 지혜, 자기의 힘, 자기의 사랑, 자기의 시간 등 자기 속에 내재한 자원으로 자기의 생명과 행복을 추구할 수 있다는 환상 가운데, 하나님께 의존하고 순종하는 것을 속박의 상태로 인식하고, 자기 뜻대로 자기 멋대로 살고자 하나님께 대항하여 자기를 주장하고 독립을 선언한 것이라고 김세윤 교수는 말하고 있다.

결론적으로 이들을 향한 우리의 태도는 어떠해야 하는가?

우선 자신의 자유를 통제 받을까봐 교회 다니지 않겠다고 말하는 사람들에게 우선 자유에 대한 참된 의미를 충분히 납득되게 설명을 해주라.

누구나 자유를 외치고 있지만 정작 하나님 없이 완전한 자유를 누리고 있는 사람은 아무도 없다. 기독교인이 가지고 있는 자유는 형식이나 누구에 의해 강압적으로 구속받은 것이 아니다. 모든 것에 자유 할 수 있지만 단순한 정욕을 위해서 그 자유를 마음대로 쓰지 않는 제어력이 있다. 대신에 죄, 영혼, 불안함, 고난, 병마, 죽음 등 살면서 누구에게나 닥칠 수 있는 문제 앞에 절대 자유 할 수 있다는 것을 말이다.

또한 예수님의 이미지를 재조명해 주어라.

그동안 불신자들에게 비춰진 예수님은 항상 '진지하신 분', '고난을 받으시는 분', '농담이 통하지 않을 분' 대체로 이런 이미지였다. 그러나 성경의 복음서를 읽어보면 예수님은 그 시대에 놀라울 정도로 앞서간 생각과 열린 사고와 태도를 가지셨다. 누구와의 만남도 그 무엇의 주제거리도 그 분에게 거리낌이 되거나 금지되어진 것이 없었다. 예수님은 파티나 결혼식에 가는 것을 좋아하셨으며 쾌활하셨고 사람들과 어울리는 것을 좋아하셨다. 어떻게 보면 타이타닉에 3등식 선실에서 마음껏 사람들과 같이 어울리는 모습이 더 맞는지도 모른다. 한마디로 예수님은 사람들에게 매력을 주신 분이셨다.

그런 의미에서 전도자 역시 사람들에게 매력적일 필요가 있다.

단순히 외모를 치장 하라는 것이 아니라 밝고 따뜻하고 긍정적인 사람이 되어라. 타고난 성격과 상관없이도 가능하다. 조용하지만 주변을 밝고 따뜻하게 할 수도 있다. 매일 매일 하나님과의 깊은 교제를 통한다면 예수님의 성품을 닮아가게 될 것이다.

얼굴이 전도지가 되어야 한다. 얼굴을 뚱하니 하고 말을 천천히 하는 것이 거룩이 아니다. 밥 먹으면서 웃고 떠들고 함께 어울리면서 먼저 인간됨을 보여줘야 한다. 상대방에게 거룩의 모양으로 포장 하지 말고 희노애락을 표현하는 건강한 사람이 되어야한다. 동시에 진리 앞에서 바로 서있는 모습을 보여 주어야 한다. 그러기 위해서는 우선적으로 자신이 몸담고 있는 현장 속으로 더 깊이 들어가야 한다.

믿지 않는 남편을 전도하기 위해서는 가정주부인 경우 더 가정을 따뜻하게 보살피고 내조하는 모습이 있어야 한다. 믿지 않는 남편의 불만은 쌓여 가는데 가정은 돌보지도 않고 주구장창 교회에만 있는 것은 옳지 않다. 믿지 않는 직장동료들을 전도하고 싶으면 이들에게 영적인 매력을 줄 수 있는 동료가 되어야 한다. 전도는 자기 신앙의 열심만을 가지고 이루어지지 않는다. 회사에서 동료들에게 "○○씨! 예수 안 믿으면 지옥 갑니다."라는 식의 접근은 상대방에서 극심한 불쾌감을 준다. 접촉점이 중요하다는 말이다.

내가 알고 있는 한 형제는 자신이 가지고 있는 특유의 쾌활함과 상대를 향한 수용적인 태도가 참 탁월하다. 교회에서만 인기가 있는 것이 아니라 교회 밖의 사람들에게도 환영을 받는 형제이다. 그에게는 사람을 끌어당기는 활력, 에너지 같은 것이 있었다. 실제로 그는 회사 회식자리에서 건전한 레크리에이션의 지존으로 활약하고 있고 그를 통해 신앙을 가진 친구, 동료들도 심심찮게 만나게 되었다.

교회는 재미가 없는 곳이며 자신의 자유를 제한시키는 곳이라고 생각하는 사람을 굳이 단계로 분류하자면 3단계 유형에 속할 것이다. 이들은 교회에 관해 다른 부정적인 이유보다 앞서 우선적으로 재미와 자유를 교회 안에서 찾을 수 없다고 생각하는 보편적인 다수의 사람들이기 때문이다. 기독교인들이 더 재미있게 인생을 누리고 사는 모습을 본다면 이들은 넌지시 관심을 가지며 교회에 대해 보다 긍정적인 반응을 보일 것이다.

Action Plan

1. 기독교의 이미지를 재조명 해줄 필요가 있다.

이들은 기독교뿐만 아니라 모든 종교를 관심 밖에 두고 있다. 종교는 그저 내가 아는 사람 중 한명이 믿고 있는 신념 그 이상의 의미가 아니라 생각한다. 단지 오늘을 살아가고 있는 내 삶이 중요할 뿐이다. 이들에게 예수를 믿어야 구원을 받는다는 말은 마치 산에서 도 닦는 소리로 들릴 수 있다. 이들의 관심을 끌려면 옛날부터 있어왔던 기독교가 현 시대를 살아가고 있는 나와 무슨 관계가 있는지 그 연관성부터 지어줄 필요가 있다. 그런 의미에서 기독교의 이미지를 재조명 해줄 필요가 있다. 기독교는 단순히 죽음 이후에 대해서만 관심을 가진 것이 아니라 현재를 살아가는 내가 어떻게 해야 잘 살 수 있는지에 대해서도 말해 준다는 것을 알려줘야 한다. 하나님은 사람의 먹고 사는 문제에 대해 무관심 하지 않으시고 오늘 내가 고민하는 것에 관심을 가지고 있다는 것을 알려야 한다.

2. 이들의 관심거리를 이끌어 주어라.

이들은 내세관이 뚜렷하기 않기에 2단계 사람들보다 훨씬 더 현세적이고 실용적인 사고를 가지고 있다. 성경적 가치관을 담고 있는 성공한 사람들의 이야기나 경영법 혹은 자기 관리에 관한 책들을 소개해 주어라. 기독교 서적 중에 현세적인 가치만으로 살아가는 3단계의 사람들에게도 각광을 받은 책들이 많이 있다. 3단계 사람들은 어느 순간 갑작스럽게 2단계로 미끄러질 수도 있고 또 4단계로 근접할 수도 있는 중간지대이다. 이들의 현세적인 가치를 무시하지 않고 더 매력적인 내용으로 채워준다면 이들이 보다 4단계로 편향 되어질 것이다.

3. 전도자들은 이들에게 밝고 활기찬 모습을 보여 주어라.

예전에 길을 지나가다가 "도를 아세요?"라는 질문을 곧잘 받았다. 하지만 그들의 모습 속에서 매력을 느낄 수가 없었다. 열심은 있었지만 활기참은 없어 보였고 진지함은 있었지만 재미는 없어 보이는 얼굴이었다. 한마디로 사람들에게 매력을 끄는 그 무언가가 없었다. 그것은 밝고 활기찬 모습을 통해 상대방에게 참여하고픈 마음을 주는 것이었다. 현세의 가치가 중요한 사람은 삶에서 더 큰 재미와 즐거움을 찾고자 한다. 이들에게 만날 우거지상을 지으며 시종일관 진지한 이야기만 한다면 좋아할 사람이 어디 있겠는가? 더 재미있고 더 활기찬 모습으로 살아가는것 만으로도 이들의 관심을 충분히 이끌어 낼 수 있다.

4

비신자 유형의 특징

● 기독교와 교회에 대해 비교적 우호적인 편이지만 강하게 이끌어 주지 않으면 계속 주변인으로 머물 가능성이 있다.

● 교회와 관련된 직. 간접적인 좋은 경험이 있었다.
가족 중에 기독교인이 있거나 친절한 기독교인 이웃을 만난 적이 있거나 혹은 어린 시절 재미있게 교회를 다녔던 기억이 있다.

● 인생에 관해 조금은 진지한 질문과 반문을 하며 보다 의미 있는 무언가를 찾고자 하는 구도자적인 성향의 사람들이다.

● 가끔 신앙을 가지고 싶을 때가 있지만 교회는 이들에게 넘어야할 또 다른 산이다.
인간관계나 여러 가지 장애를 느껴 쉽게 결단하지 못한다.

● 교회에 대한 호감은 있지만 어디부터 어떻게 시작해야 할지 모른다.

● 교회에 대한 어느 정도의 호감은 있지만 사람들에게 그 관심을 크게 나타내 보이지는 않는다.

● 기독교에서 말하는 천국, 지옥에 대한 개념은 아니지만 권선징악에 가까운 내세관을 가지고 있다.

● 일반적인 내세관을 가지고 있기에 어떻게 사는 것이 옳은 것인지 찾고자 하는 마음이 있다. 거기에서 이들이 진리를 추구하고자 하는 마음이 파생되어진다.

4

교회에 호감은 있지만, 어떻게 시작할지 모르겠어요.

돌고 도는 내 인생 허무해

4

"띠띠띠띠… 띠띠띠띠…"

아침 7시에 맞춰 놓은 알람 소리에 몇 번은 껐다 켰다 반복하다가 어쩔 수 없이 무거운 몸을 겨우 일으킨다. 어제 모처럼 친구들과 만나 새벽까지 과음을 했다. 속은 쓰리고 머리는 깨질 듯이 아팠다. 하지만 그것을 느낄 여유도 없이 정신이 버쩍 든다. 어느새 8시를 훌쩍 넘기고 있어 밥을 챙겨 먹을 겨를도 없이 어제 먹다 남은 김밥 몇 조각을 입속 가득히 털어 넣고 허겁지겁 출근을 한다. 지하철역에 도착하자 겨우 마음의 안도가 생긴다.

'휴…지각은 안 하겠네'

34세의 싱글남 정현씨는 동사무소에서 일을 하고 있는 행정공무원이다. 보다 안정적인 직업을 꿈꾸며 대학 졸업하자마자 몇 번의 시험끝에 겨우 공무원이 될 수 있었다. 하지만 직업 성격상 하는 일 자체가 단순하고 반복적이다 보니 문득 문득 삶이 단조롭고 지루하다.

그의 퇴근 시간은 늘 일정하고 똑같은 행로를 밟으며 집으로 돌아간다. 그의 성격이나 인간관계, 활동무대도 단조롭기 그지없다.

지하철 내 가판대 안에는 어제도 보았고 오늘 아침에도 보았고 내일도 보게 될 아주머니가 똑같은 자세를 하며 앉아 있다. 지하철을 기다리는 칸은 항상 똑같고 항상 앉아 있는 자리에서 또 앉게 되거나 서 있고 그 위치에서 매일 보던 지하철 광고에 또 의미 없이 시선이 가 있다.

평소에는 기계적이고 습관적으로 무심코 살아가던 것이 문득 문득 일상의 무료함과 단조로움에 맞닥뜨릴 때 한없는 인생의 서글픔을 느끼게 된다. 내 삶에 어떤 특별한 계기가 없다면 이 무료함을 도저히 깰 수 없을 것 같다.

'과연 살아간다는 것이 이게 다인가? 매일 반복 되어지는 일, 어제도 서류를 발급했고 내일도 서류를 발급 할 것이고 먼 미래는? 직급은 올라갔겠지만 결국 비슷한 일 속에서 벗어나지 못하겠지? 이거나 그거나…… 결국 벗어나지 못하는 삶'

'살아가는 것이 너무 무의미하고 무가치 한것 같다. 나는 이 세상에 왜 살아가고 있는가? 누구나 살다 가는 인생 앞에 나 역시 기억조차 되어지지 않고 거대한 인생이라는 이름 속에 매몰 되어질 소모품 아닌가?'

사람은 살아가면서 누구나 한번 즈음은 인생의 허무함을 느끼게 된다.

공무원으로 살아가는 정현씨처럼 삶이 너무 단조로워 느끼는 공허

함, 누군가에게 극심한 마음의 상처를 입고 자신의 존재를 무가치하게 느끼게 되는 마음, 살아가는 것에 어떤 의미를 가지지 못해 느끼는 방황, 또는 목표치에 도달했지만 마지막에 오는 상대적인 박탈감 등 허무함을 느끼는 상황과 그 형태도 다양하다.

허무(虛無)가 무엇인가? 한자 그대로 풀이 하자면 빌 허(虛)자에 없을 무(無)자이다. 인생 살아 봐야 별다른 것도 없고 텅 비어 있다는 것이다. 그 말은 인생이 대단한 것처럼 보이지만 살아보니 삶에 대한 가치도 없고 보람도 없고 의미도 없고 그저 속 빈 강정처럼 아무것도 없다는 말이다.

이런 허무감의 문제는 예나 지금이나 모든 사람들의 마음에 자리 잡고 있는 부분이고 때로는 사람들에게 위협으로 다가와 마음과 삶을 무기력함으로 송두리째 마비시키고 더 나아가 죽음을 부르기도 하는 치명적인 독성을 가지고 있다.

사람들은 어떤 경우에 허무감을 가지는가?

많은 이유들이 있겠지만 우선 두 가지를 살펴보자.

첫째는 반복된 일상에서 느끼는 허무감이 있다. 평소에는 크게 자각하지 못하다가 그야말로 어느 날 문득 문득 떠오르는 마음이다.

'내가 지금 뭐하고 있는 거지? 이렇게 살아간다고 해서 무슨 의미가 있는 걸까? 인생이라는 것이 다 그저 그런 건데 죽고 나면 그만인 것을……'

이들은 정해진 일과 속에서 다람쥐 쳇바퀴 돌리듯이 반복적으로 돌아가는 일상에 지겨움을 느낀다. 이것은 꼭 여유로운 사람에게만 느끼는 마음이 아니다. 숨 돌릴 새도 없이 바쁘게 살아가는 사람들에게도 발견되어진다.

23살의 정혜 자매는 어린나이기는 하지만 그야말로 열정과 사명에 붙들린바 되어 한 방향을 향해 열심히 매진하는 멋진 자매이다. 하지만 처음부터 그런 것은 아니었다.

정혜 자매는 고등학교를 기숙생활을 하며 특목고에 다녔다. 공부에 있어서 날고 기는 애들이 다 모인 곳이라 조금도 긴장의 끈을 놓을 수 없었다. 새벽부터 시작된 학업이 밤 12시까지 이어지는 생활이 매일 반복되어 졌고 숨쉬기도 힘들 만큼 빡빡한 학업 일정이 연속되자 어느 순간 반복되고 버거운 일상 속에 자신의 존재가 한없이 매몰 되어지는 듯했다. 그 무렵 엄마처럼 가까웠던 이모의 죽음을 경험하며 문득 살아간다는 것이 너무 힘들고 지겨웠다. 왜 살아가는지에 대한 질문 앞에 답을 발견할 수 없자 견딜 수 없을 정도로 존재의 무가치함을 느끼게 되었고 오랜 시간 심각한 방황은 계속 되어졌다.

그 종지를 찍을 수 있었던 건 친구들을 통해 신앙을 접하고부터였다. 그녀는 지금 학교를 잠시 휴학하고 동남아시아의 한 나라에서 단기 NGO 활동을 하고 있다.

여유롭든 그렇지 못하든 간에 이들이 느끼는 허무감에는 삶에 대한 목표 상실이 큰 이유를 차지하고 있다.

김남준 목사의 '거룩한 삶의 은밀한 대적 게으름' 이라는 저서에는 게으름에 대해 표현하기를 바쁘게 살아가는 사람이든 게으르게 살아 가는 사람이든 모두다 목표 없이 살아간다면 '문이 돌쩌귀를 따라 바쁘게 도는 것 같은 삶'이라고 표현하고 있다. 이것은 잠언에 나오는 구절이기도 하다. 즉, 사람이 다닐 때 마다 돌쩌귀에 박힌 문이 몇 번을 돌던 몇 십번을 돌던 별로 의미도 없고 진전도 없고 가치도 없이 그저 바쁘게 도는 문일 뿐이라는 것이다. 이것은 허무감에 빠진 사람들에게도 대입할 수 있다.

살아가는 것에 어떤 의미와 가치를 부여하는 것이 정신 건강에 좋다. 하지만 가장 좋은 것은 하나님 안에서 의미를 발견하는 것이 좋다. 그 이유는 다음에 나온다.

두 번째로 인생에 허무함을 느끼는 경우는 목표를 이룬 후 오게 되는 상대적인 박탈감이다. 즉, 자신이 그토록 갈망하던 목표를 끝내 이루었는데 동시에 오는 마음은 '뭐야? 겨우 이 정도 마음인가?'라는 생각에 당황스러움을 느낀다는 것이다. 목표를 이루면 마음껏 행복하고 정말 정말 좋을 것 같았는데 막상 이루고 나니 별게 아니라는 생각이 든다. 그렇다면 또 어떻게 살아야 하는 것일까? 하며 "what shall I do?"라는 질문을 스스로에게 하게 된다. 그래서 또 다른 목표를 향해 전진을 한다.

이 부분에 대해서 사람들은 '인간의 욕심은 끝이 없다'라고 말하지만 나는 세상의 그 무엇도 인간에게 영원한 만족을 주지 않는다고 말하고 싶다. 바로 허무함에 대해서 파스칼이 말하고 있는 '인간의 마음에 하나님만 채워 줄 수 있는 한 공백'이라고 설명하고 싶다. 사람들은 소유나 삶의 질을 높이며 그 공백을 채우려 하지만 그것 역시 보다 깊은 만족을 주지 못한다. 오히려 더 깊은 갈증을 느끼게 한다. 선진국에서 자살률이 더 높은 이유에서 증명되어진다.

4단계 유형의 사람은 세상을 살아가면서 어떤 문제에 대해서는 스스로 해결 할 수 없는 부분이 있다는 것을 어느 정도 인정하는 사람들이다. 또한 진리에 대해 관심을 가지며 교회에 대해서도 어느 정도 호의를 가지고 있는 구도자적인 사람들이다.

그렇다면 인생의 허무함을 느끼며 그 참된 의미를 발견하려는 자들을 향해 전도자는 어떻게 다가설까?

첫째는 질문의 고리를 연결시켜서 더 깊은 대화의 자리로 나아가자.

사실 "삶이 허무해요" 라고 초반부터 말하는 사람은 적다. 자신의 속마음을 누구한테 이야기 하는 것은 쉬운 일이 아니기 때문이다. 그렇다면 이들의 진심을 어떻게 알 수 있을까? 평소에 다져진 관계를 통해서 알 수 있다. 대화 중에 이런저런 이야기를 하다보면 상대방의 감정이 실린 말을 할 때가 있다. 전도자는 이런 말을 그저 흘려보내지 말고 더 깊이 있는 대화로 질문의 고리를 연결시켜주면 좋다. 흘러가는 대화 속에서도 핵심 키워드가 있다. 예를 들면 반복되는 말, 가치를 주장하는 말, 감정이 묻어난 말 등등 대화가 보다 더 깊어지길 하나님께 구하며 대화의 주제를 자연스럽게 신앙으로 연결시키는 주는 것이 좋다.

둘째, 일대일로 만나라.

가급적 일대일로 만나는 것이 좋다. 주로 일과를 마친 편안한 시간 때 이야기를 나누면 좋다. 가급적이면 사람들이 없는 곳에서 일대일로 이야기하는 것이 효과적이다. 여러 명이 함께 만나면 속마음을 들을 수 있는 기회가 없기 때문이다. 일대일로 만나면 속 깊은 대화를 나눌 가능성이 크다. 만나서 대화할 경우 말하기 보다는 듣는 것에 90% 집중해야 한다.

셋째, 자신을 먼저 오픈하는 것이 좋다.

가급적 자신의 이야기를 먼저 나누는 것이 좋다. 나 역시도 상담을 하거나 소그룹을 할 때 보다 편안하고 풍성한 교제를 나누기 위해 내가 현재 고민하고 있는 생각, 그 가운데 묵상한 말씀을 먼저 오픈하며 나눈다. 대화 속에서 현재 처한 상황, 갈등, 감정의 변화를 표현할 수 있기에 함께 듣는 이들 또한 감정의 동화가 생기기 때문에 대화의 질과 양이 풍성해 진다. 논리로 설득하려 하지 말고 함께 대화 속에서 깊은 교제를 나누면 된다.

대화 속에서 이미 상대가 마음을 많이 열었고 대화가 깊이 있게 진행되어진다면 예수 그리스도를 진지하게 소개해 주어라.

사실 인생이 허무하다고 생각하는 사람들에게 예수님 외에 다른 것을 소개해 줄 것이 이 세상에 존재하지 않는다. 사람은 영으로 지어진 존재이기에 영적인 만족과 가치를 찾고자 하는 마음은 숨기지 못한다.

예수님은 허무함으로 가득한 사람의 마음을 유일하게 채워주실 수 있는 분이시다.

하나님을 의지 하는 가운데 이들과의 진지한 대화를 통해 예수그리스도를 소개한다면 인생의 허무함에 빠져있는 상대방이 영적인 갈증을 차츰 보일 것이다.

교회 문턱이
너무 높아

4

2007년 여름 대한민국을 떠들썩하게 했던 사건이 있었다.

이른바 '신정아 사건'이다. 처음에는 단순 학력위조 사건으로 시작되었다가 그 배후에 청와대 정책실장은 물론이고 또 다른 정치계의 인물들과 결탁 되어진 것이 밝혀지면서 언론의 급물살을 타기 시작했다.

얼마 후 이 사건은 방송계, 교수계, 종교계 할 것 없이 학력위조를 한 또 다른 신정아를 찾아내기에 이른다.

'신정아 사건'이 불거진 데에는 여러 가지가 이유가 있었지만 결국 이 사건을 통해 학력이나 자신의 지위에 따라 가치가 평가 되어지는 우리사회의 뿌리 깊은 병폐가 다시 한번 확인되었다.

아쉽게도 이런 분위기는 가끔 어쩌면 자주 교회 안에서도 형성되기도 한다.

25세의 혜영씨는 몇 년 전에 처음 교회에 나간 날을 기억하고 있다. 그녀는 여상을 졸업한 후 작은 회사에 경리로 취직을 했다. 우연찮은 기회에 친구의 초대를 받고 C교회 전도집회에 참석하게 되었다. 교회 분위기가 낯설기는 했지만 목사님의 말씀도 좋았고 사람들도 친절하게 잘 대해 주어서 기분이 나쁘지 않았다. 집회가 끝난 후 잠시 청년들끼리 오붓하게 모여앉아 자기 소개하는 시간을 가졌다.

　"안녕하세요. 하연이를 따라온 정혜영입니다."

　그러자 한꺼번에 쏟아지는 질문들.

　"몇 학번 이세요?."

　"전공은 뭐예요?"

　혜영씨는 전혀 예상치 못한 질문들 앞에 당황스러운 목소리로 "그냥 회사 다니고 있어요."라고 조그맣게 이야기 하기는 했지만 그때부터 얼굴에 곤혹감을 감출수가 없었다. 그들의 질문에는 다른 여지가 전혀 없어 보였다. 모든 사람들이 다 대학 다니고 있다고만 생각하는 것 같았다. 자격지심 인지는 몰라도 소개가 끝난 후 자신을 쳐다보는 사람들의 눈빛 또한 처음하고 다른 것 같았다.

　그날 집에 오면서 계속해서 드는 생각은 '교회도 세상과 똑같구나' 였다. 그때가 처음이자 마지막으로 교회를 나간 날이었다. 그날 이후 친구에게는 적당히 다른 말로 둘러댔지만 사실 교회 청년들 틈에 끼어 있기가 불편했다. 밝고 거침없는 그들 속에서 왠지 위축감이 들고 자신은 한없이 부족하고 모자란 사람 같아 보였다. 단지 대학생이 아니라는 이유로……

혜영씨 같은 사람들은 교회나 복음에 대해 소극적인 관심을 가지고 있는 사람들이다. 기독교에 부정적인 사람들의 경우 교회에 가지 않는 이유를 자신이 아닌 외부의 문제를 들어가며 거칠고 뚜렷한 주장을 내세우고 있다. 가령 교회가 썩었다, 성경을 믿을 수 없다, 목회자가 그 모양이냐 하는 식이다. 하지만 혜영씨 같은 사람들은 교회에 다니지 않는 이유에 대해 조금 더 자신과 밀착되어져 있는 문제를 가지고 소극적인 반응을 보이는 경우이다. 가령 교회에 관심은 있지만 형편이 안 되서, 가족들이 싫어해서, 성격이 소극적이라서 이런 대답을 하는 경우이다. 물론 전제는 교회에 대해 약간의 관심을 보이고 있는 사람들의 경우이다.

이들이 말하고 있는 심리는 무엇인가?

가장 큰 마음은 무시 받고 싶지 않은 데에 있다.

그동안 자신의 모습이 아주 만족스러운 것은 아니었지만 그래도 자신의 콤플렉스를 좀처럼 드러내지 않고 적당히 잘 살아왔다. 하지만 교회를 다니게 되면 당장 목사님이나 교인들에게 인적사항은 물론이고 호구조사까지 이루어지기 마련인데 그것에 대해 스스로 떳떳하지 않는 이상 밝히고 싶지 않다.

만약 학력이나 직업이나 혹은 남편의 직업이 밝혀졌을 때 자신을 향해 판단하는 사람들의 시선이 부담스럽다. '왜 그런 직업을 가지고 있을까?' '공부는 못했나 보다' 혹은 '인생이 좀 불쌍하다'라는 마음으로 보내는 시선이 따갑다. '나는 그렇지 않은데 당신은 참 못났수' 라며 무시 받는 것 같아 참 불쾌하다.

이렇게 말하는 사람들은 대부분 교회에 대한 직, 간접적인 기억이 있는 사람들이다. 어렸을 때든 아니면 우연찮은 기회든 간에 한번쯤은 교회에 나가 본 사람일 가능성이 크다. 잠깐이라도 이들의 눈에 비춰진 교회는 잘나가는 사람이 대접받는 곳이라는 생각을 했을 것이다. 혹은 교회에 다니고 있는 사람들은 대부분이 모범적이고 잘살고 있는 사람처럼 보여 졌을 수도 있다. 이들에게 비춰진 교회 속에서 자신은 들어설 곳이 아무데도 없다고 생각한다. 그래서 처음에는 멋모르고 교회를 다녔겠지만 다시 다니라면 쉽게 오케이를 하지 못한다.

나는 교역자로 부름받기 전에 간사직분으로 교회 대학청년부를 섬겼다. 서툰 열심에 실수도 많았고 지금보다 훨씬 더 미성숙하던 시절이었다. 두 차례 팀을 제대로 돌보지 못하다가 한 팀을 맡게 되었는데 일명 '외인구단'팀이었다. 다양한 지체들로 구성되었는데 이들의 사는 모양도 살아온 이력도 다양했다.

그 중에는 이혼한 자매도 있었고, 중학교 퇴학자도 있었고, 고등학교 졸업자도 많았으며 머리가 치렁치렁한 락커들도 있었고 미혼 청년 팀이었는데도 어쩌다 보니 아이 엄마도 들어오게 되었고 외국인도 있었고 술 마시고 팀 모임에 온 사람, 팀 모임 하다 말고 밖으로 나가 담배를 피우고 오는 사람도 있었다. 물론 정규교육을 잘 받고 잘 자란 나름 좋은 학벌의 청년들도 있었다. 구성이 워낙 다양하다 보니 팀 안에서 다양한 문제들로 들썩들썩 대는 예사롭지 않은 팀이었다. 그러나 차츰 이들이 팀 모임에 즐거움을 가지고 변화되어지며 급기야 새벽예배까지 드리는 모습을 보이는 것이었다. 사회적으로 아웃사이더로 불렸던 이들이 교회에 정착하기까지는 몇 가지 요인이 있었다.

우선 처음 교회에 와서 우리 팀에 배정을 받게 되면 작성하는 자기 소개란에 학교와 직업 자체를 기재하지 않았다. 그것은 잘나가는 사람에게는 자랑이 될 수 있지만 그렇지 못한 사람에게는 위축감을 줄 수 있기 때문이었다. 그래서 몇 달 동안 서로 말을 섞고 지내면서도 그 사람이 뭐 하는 사람인지 정확하게 모르는 경우가 많았다. 그저 대충 짐작만 할 뿐이었다. 그 만큼 이런 사람들에게는 조심스러운 부분이기 때문이다. 하지만 어느 순간 이들의 마음이 열리면서 스스로 자신을 밝히고 거리낌 없이 모임에 참석하게 된다.

그리고 팀 간사였던 나와 몇 명의 리더들과의 관계가 무엇보다 중요했다.

처음에는 리더들과 새벽마다 큐티 모임을 가졌는데 그야말로 자신의 살아온 과정에서부터 시작해서 아픔과 슬픔과 약점 그리고 있는 모습 그대로를 모조리 나누면서 서로 울기도 많이 했다. 리더들과 가지는 그 시간이 너무 즐겁고 좋아 매일 매일 그 시간이 기다려지고 보고 싶고 그랬다. 그러자 리더들도 자신의 팀원을 자연스럽게 새벽기도의 자리로 이끌어 왔고 그 즐거움이 모든 사람들에게 확장 되어졌던 것이었다.

그렇게 되기까지 나와 리더들 간에 그랬던 것처럼 리더와 팀원들 사이에 그 정도의 투명함이 공유되어졌고 그 투명함은 리더가 먼저 보여주어야 했다. 소그룹 시간에 리더들이 가르치거나 말을 많이 하기보다 먼저 팀원들의 이야기를 많이 들어주고 격려하고 세워주는 분위기를 조성했다. 그러할 때 이들은 자신의 모습 또한 교회에서 수용되어지는 느낌을 가지고 편안하게 모임에 참석하게 된다.

그런 의미에서 전도자들은 이들에게 보다 투명하고 인간적인 모습으로 다가서야 한다.

전도자가 더 완벽한 사람이라는 이미지는 상대방에게 위압감과 동시에 상대적인 열등감을 가져다주기 때문이다. 전도자들이 위에서 내리꽂는 말과 태도보다 같은 눈높이 혹은 더 낮은 자리에서 이들을 세워줄 때 이들은 교회공동체에 자신이 들어갈 자리가 있다는 것을 느끼게 될 것이다. 나 역시 전도를 하면서 가끔 부부싸움 했던 이야기, 아이스크림 하나를 놓고 그 당시 네 살배기 아들과 다툰 이야기를 하면 상대방이 처음에는 '헉! 목사님이??'라는 표정을 짓다가 조금씩 긴장을 푸는 것을 종종 보게 된다.

또 가급적, 이들에게 종교적 색채가 짙은 말이나 단어는 피하라.

이들은 자신이 알아들을 수 없는 말을 하는 전도자를 보며 더 큰 거리감을 느끼게 될 것이다. 주로 이들이 사용하는 일상적인 언어를 가지고도 충분히 대화를 나눌 수 있다.

때로 사회적으로 약자라 칭하는 이들에게 교회는 여러 가지 모습으로 위압감을 줄 수 있다. 하지만 성경에는 '약한 자들에게 내가 약한 자와 같이 된 것은 약한 자들을 얻고자 함이요 내가 여러 사람에게 여러 모습이 된 것은 아무쪼록 몇 사람이라도 구원하고자 함이니(고전 9:22) 라고 말씀하고 있다. 이런 고민으로 머뭇거리는 사람들에게 똑같은 눈높이와 이들의 부끄러움을 가려줄 수 있는 배려가 있다면 이들은 보다 열린 마음으로 교회를 향해 다가오고자 할 것이다.

사람들 눈치가 보여서

4

이야기는 한병태라는 인물이 30년 전 5학년 2반을 회상하며 기차 속에서 과거의 여행을 시작한다.

한병태는 어린 시절 공무원이었던 아버지의 전근으로 인해 서울 명문 초등학교에서 시골로 전학을 가게 된다. 자신의 우월함을 뽐내고 싶었던 병태는 담임 선생님이나 반 아이들의 무관심 속에 내팽개쳐진다. 또한 엄석대라는 반장은 병태의 가치관을 흔들어버리는 존재로 다가온다. 석대는 선생님과 같은 위치를 차지하며 반 아이들의 절대적인 맹종을 받고 있다. 그런 반장으로 인해 모든 사람은 평등하다고 믿는 병태에게는 옳지 못한 존재였다. 병태는 석대를 이겨야만 모든 것이 원상회복 될 것으로 여기며 석대에게 대항한다. 그러나, 이러한 병태의 태도에 대하여 석대의 보이지 않는 힘의 압력은 병태를 고되고 힘든 시련의 시기로 내몰 뿐이었다. 여러 가지로 대항하던 중, 최후의 수단인 공부로 석대를 누르려하나 역시 석대의 그늘을 벗어나진 못한다. 병태는 점점 성적도 떨어지고 운천 초등학교의 말썽꾸러기로 선생님들의 눈총을 받게 된다. 이런 나날들이 계속될 무렵, 유리창 청소 사건을 계기로 병태는 석대의 권력 아래로 편입하게 된다. 그리고 쏟아지는 석대의 총애는 병태를 권력의 단맛으로 길들이기게 충분했다. 그러나 석대의 성적이 진짜 실력이 아닌 타인의 것이라는 사실을 알고 다시 한번 대항을 시도하고 싶어 기회를 엿보게 된다.

이문열의 '우리들의 일그러진 영웅'이라는 작품의 시놉시스이다.

글의 배경은 1960년대 초반에 한 초등학교에서 일어나는 일이지만 이 작품을 통해 우리나라의 집단 문화를 이해하는데 충분하다 생각한다. 사람이라면 누구든 어떤 강력한 힘이 작용하는 집단에 붙지 않으면 혼자 재낌을 당하게 되고 거기에서부터 혹독한 외로움과 이탈감에 대한 두려움이 오기 마련이다. 사회적으로 문제가 되고 있는 우리나라의 '왕따'나 일본의 '이지매' 현상도 결국 이것에 대한 양상이다.

'교회를 가게 되면 친구들과 멀어질까 두려워요'라고 말하는 사람들은 교회를 향해 반감을 가진 단계도 아니며 교회를 향해 무관심한 단계도 어느 정도 지나고 있다. 교회를 다녀서 더 좋은 유익이 있다면 약간은 생각을 해보겠다는 교회를 향해 조금은 긍정적인 유형이다. 하지만 이들은 자신을 둘러싸고 있는 인간관계를 돌아보게 되자 다시 자신없어 한다. 이들을 고민하게 하는 인간관계는 주로 두 그룹으로 나누어진다.

한 그룹은 어린 시절부터 함께 해온 친구들이나 학교 동창일 가능성이 크다. 이들은 살아가면서 어떤 기회가 되면 교회에 다녀 보고 싶은 생각도 있지만 그동안 친하게 지내온 친구들로부터 배척을 받을 것 같다. 술로도 통하고 추억도 통하고 정감어린 욕설이 난무한 대화도 통하는데 교회 이야기를 하면 모두들 "오우~ 노우"하며 친구들 그룹에서 자신을 제명 할 것 같다. 그동안 쌓아온 친구간의 의리와 신뢰 그리고 함께 공유해 왔던 오래된 시간들 서로간의 끈끈한 정(情)을 종교라는 이름과 맞바꿀 수는 없다. 그러기에는 치러야 할 대가와 부담이 너무 크다.

또 한 그룹은 사회에서 형성된 관계이다. 이를테면 회사 안에서 만난 직장 동료들과의 관계 또는 어떤 공통된 목적으로 만나게 된 동우회나 자녀 친구들 관계로 만나게 된 모임이 있을 것이다. 직장 그룹은 또 다른 느낌으로 다가온다. 우선 술자리가 난무한 직장 속에서 원래 교회를 다니고 있는 사람조차 신앙을 커밍아웃하기가 쉽지 않은데 어느 날 직장 속에서 사람들과 섞여 잘 살아가고 있던 한 사람이 교회를 다니게 되었다는 말을 하기란 더더욱 쉽지 않다. 신앙은 자유라 하지만 엄연히 존재하고 있는 집단문화가 개인의 신앙보다 우선이 되어져야 하는 분위기가 이미 형성되어져 있다.

언젠가 이것으로 고민하는 한 청년을 만난 적이 있었다. 교회 나온지 얼마 되지 않은 청년이었는데 과연 친구들 사이에 거리감을 느끼면서까지 교회에 나오는 것이 잘하는 것인지에 대해 혼란스러워 하고 있었다.

활발한 성격이었던 32세의 성민씨는 평소 친구들도 많아 자주 술자리를 가져왔다. 하지만 그의 마음 가운데는 늘 알 수 없는 허전함이 있었다. 어렸을 때부터 가정환경이 좋지 않아 그런지 오랜 세월동안 친구들과 술에 의지해 살아왔는데 언제부터인가 그렇게 시간을 보내는 것이 허무했고 너무 지겨웠다. 무언가 자신의 삶에 중요한 것을 빼놓고 사는 것 같아 변화에 대한 갈증을 느꼈다. 그러고 보니 한번도 진지하게 인생을 생각해 본적이 없었다. 마침 어렸을 때 잠깐 교회 다닌 기억도 있고 교회는 왠지 자신을 새롭게 변화 시켜줄 것 같아 우연찮은 기회에 직장동료를 통해 교회에 나가게 되었다. 교회에 대한 느낌은 그다지 나쁘지는 않았고 조금 더 교회에 적응을 해 보고 싶은 생각도 있었다. 하지만 마음에 걸리는 것이 있었다. 친하게 지내는 친구 중에 아무도 교회에 다니는 사람이 없다는 것. 친구들과 함께 가끔 교회 다니는 사람들을 술자리 안줏감으로 낄낄대며 씹어댄 적은 있었다.

　　얼마 후 친구들과 만났다. 신앙까지는 아니지만 그래도 교회에 대해서 나름대로 진지해진 성민씨가 드디어 친구들에게 "요즘 교회에 나간다."며 커밍아웃을 했다. 처음에 친구들은 "그러냐?"며 더 이상 별다른 말을 하지 않고 가볍게 흘려보냈다. 하지만 성민씨가 조금씩 교회에 적응할 수록 친구들과의 관계에 어색함이 감돌기 시작했고 친구들과의 대화도 짧아지기 시작했다. 나중에 들은 말로는 자신이 없는 자리에 친구들끼리 하는 말이 "환자 하나 추가됐네!"라는 말을 주고받으며 어느 순간 자신이 친구들 사이에서 왕따가 되어 있었다고 했다.

성민씨는 혼란스러웠다. 그동안 쌓아온 친구 관계가 한순간 끊어지고 외로이 혼자 남을 것 같아 사실은 두려웠던 것이다.

'과연 교회에 다니기로 한 것이 잘 한 것일까?'

앞서 언급했듯이 집단문화가 강한 우리나라에서는 흔히 고민할 수 있는 문제이다.

집단문화가 너무 강하면 한 개인이 어떤 것을 선택하는 데에 있어서 항상 주변 사람의 반응을 따져봐야 하고 눈치를 살펴봐야 한다. 이것은 나름대로 긍정적인 측면이 있기도 하지만 개인의 판단과 선택이 무리에서 이탈되어진다는 이유로 배척되어진다면 부정적인 측면도 있다고 볼 수 있다. 그것은 소수의 결정에서 나오는 더 나은 결과를 얻기 힘들기 때문이다.

주변의 사람들을 의식해 교회에 머뭇거리는 사람들을 위해 줄 수 있는 답은 무엇인가?

우선 이들을 안심시켜 줄 필요가 있다.

이들은 교회를 다니는 이유로 그동안 관계를 쌓아온 사람들과 초반에 어색해 질 것을 두려워하고 있다. 하지만 교회를 다니며 만나게 되는 또 다른 만남, 또 다른 든든한 공동체가 있음을 알려 주어야 한다. 물론 초반부터 그동안 추억과 정(情)을 나눈 사람들과의 관계만큼 두텁거나 편할 수는 없다. 하지만 신앙 안에서 만난 사람들과의 관계가 그 어떤 만남 보다 더 뜨겁고 깊을 수 있음을 알려줘야 한다.

또한 이들에게는 보다 적극적인 태도를 보일 필요가 있다.

이들은 그동안 자신이 살아왔던 삶을 단절하는 것에 대해 두려운 마음을 가지고 있지만 한편으로 또 다른 변화를 추구하고 싶어 한다. 그 변화를 신앙에서 찾고자 하는 마음이 조금이라도 있다면 보다 적극적으로 이들을 이끌어 주어야 한다. 이들은 내심 교회에 가고 싶어 하는 마음이 있지만 보다 적극적으로 끌어 주는 사람이 없을 때 마음이 시들해 진다. 친밀한 관계 속에 서로 간에 신뢰가 쌓여질 무렵 교회 행사나 교회 내 따뜻한 소그룹이나 목장에 지속적인 초대를 해 보라.

이들이 교회로 한 걸음 내딛었다면 그룹에서 이들을 보다 친밀하고 조직으로 맞이할 필요가 있다. 교회에 처음 오게 된 사람들을 교회 입장에서는 '새신자'라고 부르지만 처음 온 사람 입장에서는 오히려 '새 가족'의 느낌을 받고 싶어 할 것이다. '신자'로서 자신이 먼저 믿기로 작정을 하고 온 사람은 많지 않다. 다만 이들은 교회에 처음 왔을 때 당황스럽지 않게 해 주고 편안하고 따뜻하게 해 줄 것을 기대하고 있다. 이들에게 교회가 보다 가족적인 관심을 가지고 집중적인 따뜻함을 보인다면 훨씬 더 편안하게 교회에 정착할 수 있다.

그런 차원에서 교회가 초신자를 향해 '영적입양'을 하는 것도 좋은 방법이라 생각한다. 현재 '영적입양'은 각 교회나 선교단체에서 다양한 범위로 사용 되고 있다. 미전도 종족, 대학 캠퍼스, 고아원, 혹은 한국에서 일하고 있는 외국인 근로자를 향해서도 쓰이고 있다.

마찬가지로 초신자가 교회에 오면 이들이 느끼는 공동체에 대한 불안함을 어느 정도 해결해 주기 위해 신앙과 인격의 조화가 잘 갖추어진 한 가정이나 그룹에서 초신자를 영적으로 입양하는 것도 좋은 방법이다. 이들은 책임감 있고 따뜻한 한 가정이나 소그룹의 보살핌 속에 조금은 편안하고 가족 같은 분위기 속에서 교회에 정착할 수 있을 것이다. 교회를 통해 새로운 인간관계의 범위가 조금씩 넓어질수록 이들이 가장 고민했던 교회를 다니면 사람들로부터 멀어질 것 같은 두려움도 조금씩 줄어들게 될 것이다.

사실 자신을 둘러싼 모든 관계를 포기하고 신앙을 선택하기란 쉽지 않다. 그것은 생각보다도 훨씬 더 깊은 외로움을 짊어지게 된다. 때로 사랑했던 가족들로부터 분리되는 아픔을 느끼기도 하고 친구들로부터 멀어지는 슬픔과 직장동료들로부터 은근한 따돌림을 받기도 한다. 그러기에 어려운 결정을 하고 처음 교회에 발걸음을 하는 이들을 향해 훨씬 더 넓은 팔과 따뜻한 품으로 끌어안아 주어야 한다. 또한 동시에 교회 안에서 그런 따뜻한 분위기를 풍겨 낼 때 지금 교회 밖에서 교회를 향해 머뭇거리는 사람들이 조금 더 용기를 얻고 교회를 향한 관심을 보일 것이다.

혈연 가족 vs 영적 가족

4

32세 미혼인 영민씨는 나름대로 뼈대 있는 가문의 장손이다. 그의 가정은 할머니를 중심으로 해서 작은 아버지, 고모네 가정까지 할 것 없이 모두 모여 한달에도 몇 차례씩 제사를 지낼 정도로 유교문화와 가족공동체 정신으로 똘똘 뭉쳐져 있다. 장손이었던 그에게 가족들과 친척들의 기대는 거의 압박수준으로 다가올 때가 많았지만 그렇다고 도망칠 수 있는 문제도 아니기에 가족들의 특별한 기대를 저버리지 않고 대충 가정적 분위기에 맞춰져 살아왔다. 그런 그에게 어느 날 반가운 친구로부터 전화가 왔다.

"여보세요?"

"어이~김영민! 오랜만이다!"

"누구…세요?"

"짜샤~ 친구 목소리도 벌써 잊어 먹었냐? 나다. 섭이"

"우와~ 진짜 오랜만이다. 너 내 번호 어떻게 알았냐?"

정말 반가운 친구였다. 고등학교 다닐 때 굉장히 친했는데 군대 들어간 후로 연락이 끊어진 친구였다. 고등학교 시절 섭이라는 친구는 공부에도 취미가 없었고 주변에 늘 노는 친구들이 많아 그다지 모범적이지 않았다. 섭이라는 친구는 영민씨 하고는 전혀 달랐지만 이상하게도 잘 맞았고 그만큼 친하게 지냈다. 사실 영민씨가 그 친구를 잘 따랐다. 아마도 자신처럼 모범적이지도 않고 자유스러워 보이는 그 친구의 모습이 부러웠던 것 같다. 자세한 이야기는 만나서 나누기로 하고 일단은 전화를 끊었다.

'섭이는 잘 살고 있을까? 결혼은 했을까? 나에게 술, 담배를 가르쳐준 자식이었지......'

갑자기 옛날 생각이 들자 피식 웃음이 나왔다. 반가운 마음으로 전화를 끊었지만 과거 그의 모습을 생각하자니 왠지 섭이가 잘 살고 있을 거라는 생각은 들지 않았다. 드디어 약속한 날 섭이를 만났다.

"우와~ 반갑다. 그래 요즘 뭐하고 살고 있냐?"

"어...... 지금 유학 준비하고 있어."

"그래? 웬 유학이냐? 공부하고 담 쌓았던 자식이?"

전혀 상상할 수 없는 일이라 처음에는 농담인줄 알았다. 하지만 이야기를 나누면서 그동안 섭이가 군대 제대 후 대학에 들어갔고 석사과정까지 마친 것을 알게 되었다. 게다가 말이나 태도나 생각하는 것 까지 완전 180도 바뀐 것이었다. 섭이는 더 이상 이전에 그가 알던 모습이 아니었다. 한참 이야기를 나누면서 그의 변화의 중심에는 기독교 신앙이 있다는 것을 알게 되었다.

"야! 아무리 그래도 어떻게 이렇게 까지 달라지냐?"

사실 영민씨가 느끼기에 처음에는 당황스러웠다. 하지만 그 후로도 몇 번을 더 만나면서 그 친구의 모습에 거짓이 없고 진실함이 느껴지고서야 서서히 신선한 충격으로 받아들여졌다.

'어? 그렇게도 정신 못 차리던 녀석이 신앙 때문에 저렇게 변할 수도 있는 건가? 정말 그게 가능한 일인가?'

사실 영민씨는 고등학생 때 친구 따라 잠깐 교회를 다닌 적이 있었다. 처음에 가족들 모르게 다녔는데 얼마 후 부모님이 알게 되셨고 온 집안이 발칵 뒤집어 진 적이 있었다. 그 정도 반응까지는 생각지 않았는데 너무 강한 반응 앞에 거부 한번 못해보고 바로 항복을 해 버렸던 것이었다. 하지만 그의 기억 속에 교회는 나쁘지 않았다. 짧은 기간 이었지만 분위기도 따뜻했고 동기들과 어울리는 것도 재미있었다. 하지만 무지하게 놀았던 섭이가 교회에 다니면서 인간개조가 될 것이라고는 생각도 못해봤다. 아무튼 섭이의 모습은 그에게 신선한 충격과 묘한 호기심으로 느껴졌고 기회가 생긴다면 교회를 다시 다녀 보고 싶은 마음도 슬쩍 들었다. 하지만 역시나 쉽게 결정할 수 없는 일이었다.

'전에는 멋모르고 교회 다녔는데 지금은 사실 더 어려울 것 같다. 교회를 다니게 되면 제사 문제도 걸리고 옛날처럼 할머니부터 시작해 온 집안이 난리법석이 날 텐데 나에게는 그럴 용기도 없고 그렇게까지 집안에 잡음을 일으키고 싶지도 않다. 친구의 변화는 분명 도전적이지만 가족의 반대를 무릅쓰면서 까지 교회를 다닐 만큼 그렇게 가치가 있는 것인지는 아직 잘 모르겠다.'

과연 영민씨는 어느 쪽으로 최종 결정을 냈을까?

그가 잠시 머뭇거리는 사이 갑작스런 심장마비에 의해 아버지의 죽음을 맞게 되었고 얼마 지나지 않아 작은 아버지의 부음 소식까지 듣게 되었다. 집안에 갑작스런 줄초상으로 온 가족들이 큰 슬픔을 겪게 되었다. 그 후 그는 제사를 직접 지내야 하는 등 남아있는 가족의 기대 속에 장손으로 가정을 더 굳건하게 지켜야 했고 아버지의 죽음과 함께 교회에 대한 생각은 자연스럽게 잊혀지게 되었다.

이러한 유형은 기독교에 대해 약간의 호감을 가진 반구도자적인 사람들로 이루어져 있다. 만약 기독교에 부정적인 단계였다면 친구의 인생이 변화 되었어도 그냥 그러려니 하고 생각을 하고 말았을 것이다. 하지만 영민씨의 경우 친구의 모습을 보며 자신의 삶에도 대입을 하고자 하는 약간은 긍정적인 의지를 보였다. 그런 차원에서 영민씨는 기독교에 호의적인 유형으로 볼 수 있다. 하지만 가족 속에 있는 자신의 위치와 함께 가족의 선호를 파악하자 거부할 수 없는 답을 발견할 수밖에 없었다. 그것은 내 가족이 싫어한다면 교회 다닐 수 없다는 생각이었다.

이것은 특정한 한 사람의 이야기 이지만 주변을 둘러보면 이러한 부분으로 갈등하는 사람들이 많이 있다.

　여름 선교기간에 이 곳, 저 곳을 돌아다니며 열심히 사영리를 전하다 보면 사실 많은 사람들이 긍정적인 반응을 보이는 것은 아니지만 그래도 잘 들어주고 영접기도까지 따라하는 사람들을 만나기도 한다. 그래서 당연한 마음으로 근처에 있는 교회를 소개시켜 주며 교회에 다닐 것을 권고하지만 영접기도까지 따라 했던 사람들이 의외의 반응을 보인다.

　"마음으로는 믿겠지만 교회에 나가는 것은 좀......" 하며 말끝을 흐리곤 한다. 이런 이들을 붙잡고 더 많은 이야기를 듣고서야 "교회에 다니는 것을 가족들이 알면 싫어한다."는 대답을 들을 수 있게 되었다. 주로 십대들은 부모님이 싫어한다는 이유였고 결혼한 사람들은 남편이나 시댁 식구들이 교회에 나가는 것을 반대한다는 이유였고 장남은 제사부터 시작해 전통적으로 내려온 집안의 분위기를 깨기 싫어 교회에 다닐 수 없다는 것이다.

　물론 이것은 어떤 특정한 연령에만 있는 것은 아니다.

　10대들은 부모님으로부터 완전히 독립한 시기가 아니기에 통제를 받을 것이며 결혼한 사람들이나 장남들은 가족이나 가정적 분위기에 연루되어지기 때문에 그런 고민이 조금 더 빈번하게 일어날 뿐이다. 이것은 도심 보다는 시골에 가까운 지역일수록 개방적인 분위기보다는 보수적인 분위기 속에서 또한 가족문화를 중요시 하는 가정일수록 더 자주 문제 삼을 수 있다.

교회 성장 연구소에서 발간한 '불신자들이 호감 가는 교회'라는 책 부록 편을 보면 불신자 9가지 유형에 대한 이해가 나온다.

예를 들어 완벽주의형, 자기주장형, 성공주의형 등 비기독교인을 향해 총 9가지의 성향으로 분류하고 있는데 이들의 특징과 장점, 단점에 따라 전도방향과 설교나 상담 방향을 이끌어주는 일종의 전도교본과 같은 내용이다. 이 책의 내용을 토대해서 보자면 가족이 반대해서 교회 다니기 힘들다는 사람들은 '평화주의형'으로 볼 수 있다.

'평화주의형'은 모든 상황에서 갈등을 일으키지 않기를 원하기 때문에 남들에게 잘 순응하며 어떤 문제가 있으면 축소시키는데 우선적이다. 이들은 평화를 유지하기 위해 다른 사람과 잘 지낸다. 이들이 제일 싫어하는 것은 갈등상황이다. 일단 갈등이 생기면 부당하지만 일단 자신의 의견을 먼저 꺾어서라도 갈등상황을 회피하고자 하는 마음이 있다.

평화주의형은 갈등을 막아주는 유연함을 가지고 있기에 어떤 공동체라도 좋아할 유형이지만 단점적인 부분이 있다. 바로 다른 사람의 평가와 시선이 너무 중요한 나머지 정작 자신이 정말로 무엇을 원하는지 몰라서 고민한다는 것이다. 또한 갈등을 회피하고 평화만을 추구하기에 '무사안일'에 빠지기 쉽다는 것이다.

이것은 상당히 일리가 있는 말이다.

평화주의형은 어떤 기회를 통해 교회에 다니고 싶더라도 일단 가족들의 생각과 질서를 깨고 싶지 않아 우선적으로 교회 다닐 것을 포기하고 만다. 교회 다니게 되면 내 부모님이나 남편 그리고 아내와의 갈등 시작이 된다. 제사문제부터 시작해 가족간에 서로 다른 일요일을 보내게 될 것이고 이것은 점점 더 많은 부분까지 생각차이를 보이게 될 것이다. 그때마다 번번이 가족간에 생각의 충돌을 하게 되고 서로 눈치를 살피게 되고 그렇다면 그 모든 것들이 너무 부담스럽다. 그래서 '그냥 내가 교회 안다니고 말지'라고 결단하는 것이 빠르고 훨씬 평화롭다.

하지만 평화주의형의 또 다른 내면은 이렇게 외칠지도 모른다.

'내 영혼에 관해서, 조금 더 본질적인 인생에 대해서, 무언가 깨닫고 싶은 진리에 대해서, 그 어떤 기쁨에 대해서 나도 스스로 답을 발견하고 싶은데 가족간의 갈등이 싫어 찾아볼 시도조차 못한다는 것이 너무 아쉽다.'

이 부분은 어떤 사람에게는 쉬울 수 있지만 또 다른 누군가에게는 쉽지 않은 일일 수 있다. 가족에게 더 많이 예속된 사람일수록 가볍지 않은 문제로 다가온다. 그것은 가족의 문화를 거스르는 일이고 피와 정을 나눈 가족들로부터 분리감과 외로움을 느끼게 되기 때문이다. 하지만 이 갈등을 가지고도 자연스럽게 교회에 나온 사람이 있다. 그녀는 우리 교회의 한 목장 모임을 통해 나오게 되었고 자연스럽게 정착되었다.

38세의 애영씨는 전업 가정주부이다. 그녀는 주변 사람들로부터 민지엄마로 불린다. 얼마 전에 이사를 오게 되었는데 딸이 새로 다니는 유치원에서 예진엄마를 알게 되었다. 이사한지 얼마 되지 않아 동네에 아는 사람도 없고 자기보다 서너 살 많은 예진엄마가 워낙에 따뜻하게 잘 대해주는 덕에 언제부터인가 집에도 자주 오가게 되고 친하게 되었다. 아이들이 방에서 노는 동안 엄마들은 주로 거실에서 커피를 마시며 이야기를 나누게 된다.

"민지 엄마! 교회 다녀 본 적 있어?"

"처녀 때 친구 따라서 잠깐 교회 다녀본 적이 있어요."

"그런데 왜 지금은 안 다녀?"

"결혼 전에 민지 아빠도 교회 나가는 거 별로 안 좋아했거든요. 또 시댁 쪽도 대대로 불교 집안인데 교회 나간다면 좋아하겠어요?"

"그랬구나...... 그래도 그 당시 교회 다닐 때 뭐 좋고 그런 거 없었어?"

"음… 믿음이 생기는 것 까지는 잘 모르겠는데 그때 교회에 나가면 마음이 편안했던 것 같아요. 목사님 말씀도 좋았고, 사람들도 잘 대해주고...... 가끔씩 그때 생각날 때가 있지만 지금은 형편도 안 되고 집안 분위기도 그렇고...... 글쎄요...... 나중에나 다닐 수 있으려는지?"

"그래...... 사실 그게 쉽지 않은 일이지......"

그날의 대화는 그렇게 끝났다. 그 뒤에도 몇 번을 만났지만 예진 엄마는 애써서 교회 이야기를 끄집어 내지는 않았다. 그리고 또 얼마 후.

"민지 엄마! 다영이네 집에서 내일 모임 있는데 혹시 안 와볼래?"

"무슨 모임인데요?"

"어… 그냥 친하게 지내는 사람들 몇 명 정도 정기적으로 모여 사는 얘기도 하고 어려운 이야기도 하며 좋은 시간 보내는 거지......"

"그래요? 생각해 볼게요"

그렇게 대답 했지만 민지 엄마는 사실 더 많은 새로운 사람들을 사귀고 싶어 했다. 그런 모임이라면 별로 나쁠 것도 없지 않겠다 싶어 그 다음날 기대 반, 부담 반 마음을 가지고 다영이네 집에 들렀다. 이미 몇 명의 엄마들이 둘러앉아 한참 이야기꽃을 피우고 있었다. 민지 엄마의 출현에 모두들 반가워하며 맞아 주는데 왠지 기분이 좋았다. 분위기 역시 나쁘지 않았다. 알고 보니 다들 같은 교회 다니고 있는 사람들이었는데 딱딱하고 무거운 예배 분위기도 아니었고 가끔 대화중에 기도제목이 나오기는 했지만 거의 고민을 나누는 것 같아 별다른 종교적 색체도 진하지 않았다. 오히려 정보만 나누는 다른 엄마들 모임 보다 훨씬 더 진지하고 따뜻하게 느껴졌다. 모임이 끝난 후 집으로 돌아오는 민지 엄마의 마음에 어떤 즐거움과 행복이 피어나는 것 같았다. 새로운 소속감에 대한 기대와 마음이 편안해 지는 것 같았다.

그 후 민지 엄마는 어떻게 되었을까?

어느 순간부터 매주 가지는 모임을 항상 기다리게 되었다. 그러는 동안 교회를 향해 훨씬 더 자연스럽게 마음을 열게 되었고 이제는 모임뿐만 아니라 다른 엄마들과 함께 교회에도 따라 나오게 되었다.

그런 차원에서 가족이 의식되어 선뜻 교회에 나오지 못하는 사람들에게는 개인적으로 전도하기보다 공동체가 함께 움직여 주는 것이 효과적이다.

여기에서 나오는 예진 엄마는 전에 섬기던 교회에서 충성스럽게 사역하고 계시는 한 집사님이시다. 실제로 그 분이 맡고 있는 목장은 초신자들로 꽹장한 부흥을 이루고 있다. 이 목장이 이토록 부흥하는 데에는 낮은 자세로 영혼들을 섬기는 집사님의 따뜻하고 열정적인 리더십에서 부터 기도와 섬김으로 묵묵하게 받쳐주는 목장원에 이르기까지 여러 사람들이 자신들의 은사를 조화롭게 잘 사용하는데 있었다. 장사를 하더라도 잘 되는 집이 더 잘 되는 것처럼 이 목장 안에 흐르는 따뜻하고 활기찬 분위기가 사람들로 하여금 더 모여들게 하는 것이었다. 처음에는 교회 나오는 것을 선뜻 꺼려하는 사람들조차 이 가족 같은 훈훈한 분위기에 매료되어 훨씬 더 부담을 덜고 교회에 걸음하게 되는 것을 보게 되었다.

'가족들의 반대로 교회에 나오기 힘들다'고 말하는 사람들에게 처음부터 교회 조직체에 나와서 교회 문화를 따르라고 한다면 이들은 더한 부담으로 받아들일 것이다. 앞서 말했듯이 이러한 문제로 고민하는 사람들은 가족의 질서를 깨고 싶지 않아 하고 또한 동시에 가족 속에서 이탈 되거나 분리 되는 것이 외롭고 두렵다. 하지만 이런 마음을 가진 이들에게 교회의 거대한 조직으로서의 모습이 아닌 교회 밖에서 조금 더 오픈 되어있고 따뜻함과 유연함이 있는 공동체로서의 모습으로 다가 선가다면 이들은 훨씬 적은 부담을 가지게 될 것이다. 또한, 적어도 가족과의 문제가 우선이 되어 자신의 영적인 필요를 놓치지는 않을 것이다.

미래 성도를 위한
Action Plan

1. 일대일로 만나라

이들은 교회에 대해 어느 정도의 호감을 가지고 있기에 기본적으로 대화에 응할 준비는 되어있다. 하지만 모든 상황에서 가능한 것은 아니다. 이들은 인생의 문제를 신앙 안에서 해결 받고자 하는 마음이 있지만 여러 사람들과 함께 있을 때는 자신의 속마음을 꺼내지 않거나 오히려 숨기고자 하는 성향이 있다. 여러 사람들 앞에서 기독교에 대한 관심을 표현하면 그들로부터 시선을 집중 받을 것 같아서이다. 그렇기에 4단계 유형의 사람들에게는 충분히 기도를 한 후 때를 봐서 조용히 일대일 만남을 가지는 것이 중요하다.

2. 가벼운 데서부터 시작해 깊은 곳으로 대화를 유도하라.

이들은 처음부터 무거운 주제로 이야기 하는 것을 좋아하지 않는다. 서로의 관계가 친하든 친하지 않던 간에 처음은 가볍고 부담스럽지 않는 것이 좋다. 그러나 중요한 것은 이들은 처음과 달리 끝으로 갈수록 진지해 지기를 원한다는 것이다. 즉, 전도자가 자신의 고민하는 마음을 읽어주고 보다 분명한 길로 이끌어 주기를 원하는 마음이 있다는 것이다. 그러기 위해서 반드시 선행되어져 할 것이 있다. 바로 전도자 자신이 먼저 오픈 하는 것이다. 마음은 물론이거니와 자신의 생활, 체험담, 인간적인 모습 등 이 모든 것을 열어 보여야 한다. 그러할 때 상대방도 마음을 열고 자신의 이야기를 시작한다.

3. 복음 제시

전도자가 절대로 놓치지 말아야 할 것은 상대방이 자신의 이야기를 시작할 때 어느 부분에 대해서 가장 진심이 묻어나는지 판단하는 것이다. 대화에도 급이 있다. 그저 겉도는 대화가 있는가 하면 정말 자기 고민이 묻어나오는 말을 할 때가 있다. 이 들이 교회에 안 다니는 데에는 여러 가지 이유가 있겠지만 표면적인 이유가 아니라 드러나지 않는 이들의 속마음을 읽어주는 것이 가장 중요하다. 이들은 진리에 대해 어느 정도 갈구하는 사람들이기 때문에 보다 강력한 답변을 원한다. 대화가 아주 깊은데 까지 이루어졌고 대화의 주도권이 완전히 전도자에게 넘어왔다 싶을 때 성경적 답변과 함께 복음을 제시해 보라. 물론 당장에 응하지 않는 사람도 있겠지만 이들은 머지않아 돌아올 수 있는 사람들이다.

4. 적극적으로 이끌어 주라

이들은 기독교에 호감을 가지고 있지만 선뜻 교회에 발걸음 하지 못한다. 막상 다니려니 자신을 둘러싸고 있는 주변의 환경과 이해관계를 생각해야 하기 때문에 고민이 많아질 수밖에 없다. 뿐만 아니라 낯설고 익숙하지 않은 교회에 과연 잘 적응할 수 있을까 싶어 한편 두려운 마음을 가지고 있다. 하지만 그럼에도 불구하고 이들은 자신을 이끌어줄 더 강력한 제안을 기다리고 있다. 전도자는 무엇보다 이들이 새로운 환경에 대해 두려운 마음을 가지고 있다는 것을 이해하는 동시에 격려를 하라. "나도 처음에는 그랬어. 그런데 막상 가 보니깐 별거 아니더라. 내가 계속 옆에 있어줄게."

5

비신자 유형의 특징

- 복음에 대해 매우 열려 있는 유형이다.

- 때로는 스스로 교회를 찾아올 만큼 적극적인 구도자 유형도 있다.

- 이들은 교회에 다니지 않는 원인을 다른 외부적인 것에서 발견하는 것이 아니라 자기 자신 안에서 발견한다. 쉽게 말하자면 무엇 때문에 교회 다니지 않는 게 아니라 자신이 게을러서, 혹은 교회 다니는 것에 우선을 두지 않아서 라고 말하며 자신에게 이유를 대고 있다. 교회 다니는 가치가 우선이라고 생각할 만큼 교회에 대해 열린 사고를 가지고 있다.

- 이들은 교회와 관련된 좋은 기억이 있지만 교회 다니는 습관이 베이지 않아 멈칫하기도 한다.

- 5단계 유형 중 인생의 극한 위기 속에서 신앙을 가지게 되는 경우도 자주 볼 수 있다.

- 너무 외로워 인간관계의 필요가 절실한 사람도 이 유형에 속할 수 있다.

- 영적 목마름이 절대적으로 크다.

- 모태신앙인 이었지만 중도에 하차한 경우 이 유형에 속할 가능성이 높다.

- 교회에 다녔던 사람 중에는 하나님, 천국, 지옥, 구원 등 기독교의 핵심교리를 이해하고 있다.

5

복음에 대해 열려있으나
교회를 다니지는 않는다

11시에 뭐하세요?

벅찬 내 인생
Help me!!

5

얼마 전 교회에 등록한 59세의 순남씨는 그동안 살아온 삶이 순탄치 않았다.

일찍이 부모님을 여읜 후 꽃다운 나이에 시집을 갔지만 혹독한 홀시어머니의 시집살이에 결혼 생활이 결코 녹록치 않았다. 하지만 그녀를 정말 힘들게 한 것은 점점 알코올 중독에 빠져들어 가는 남편이었다.

남편의 알코올 중독은 결국 그녀에게 생계를 책임지게 하는 부담까지 떠안겨 주었고 두 자녀를 포함해 온 가족을 먹여 살리기 위해 그녀는 안 해본 일이 없을 정도로 고생이 말도 못했다. 하루 종일 일을 하고 와서 또 밤새도록 남편의 술주정을 감당해야 했다. 죽고 싶을 때도 많았고 진즉에 갈라서고 싶을 때도 많았지만 어린 두 자녀를 생각하니 그저 참고 견뎌내야겠다는 생각 말고는 아무것도 할 수 없었다.

사는 것이 너무 힘들고 고단해 어린시절 믿었던 하나님을 다시 붙잡고 싶을 때도 있었지만 시어머니와 남편의 반대도 만만치 않았고 삶의 무게에 눌려 살다보니 순남씨에게는 어느 순간 교회 다니는 것도 호사스러운 일처럼 느껴져 교회에 발걸음 하기가 힘들었다.

그렇게 스스로 고통을 감내하며 살아오는 동안 자녀들은 다행이도 엇나가지 않고 잘 자라 주어 지금은 각자 가정을 꾸리며 살고 있다. 자녀들은 결혼 후 각자 자기들 살기 바빠 그녀를 돌아볼 새가 별로 없는 듯 했다. 하지만 그저 자기들 잘 사는 것만으로도 만족 한다는 순남씨.

이미 60을 바라보는 나이이지만 남편의 알코올 문제는 이미 포기한 지 오래 되었고 월세를 내며 하고 있는 작은 분식집은 더 나빠질 것도 없을 정도로 사정이 열악하다. 매달 월세 맞춰주기도 힘들어 벌써 몇 달째 밀린 상태이다. 자식들이 있다 하지만 자기들 살기도 버거워 하는데 도움 받을 수는 없는 노릇이다. 게다가 지금까지 고생시킨 것도 미안한데 무슨 염치로 그럴 수 있단 말인가? 그야말로 죽기 아니면 까무러치기라는 심정으로 버텨볼 심사이다.

하지만 정말 사는 것이 이렇게도 힘들어도 되는 것인지? 정말이지 어쩌면 인생이 이렇게도 안 풀릴 수 있는 것인지? 나이 들수록 가벼워져야할 삶의 무게가 갈수록 무겁고 힘들다. 게다가 하루하루 지날수록 몸의 이 곳, 저 곳에서 건강의 적신호를 보내온다.

'정말 더 이상은 버텨낼 힘이 없구나…'

요즘 들어 더 자주 드는 생각이다.

순남씨 뿐 아니라 많은 사람들이 살다 보면 인생이 결코 녹녹치 않음을 느끼게 된다. 이것은 인생의 중반, 후반을 넘어갈수록 더 절실하고 현실적으로 느껴진다.

자신의 진로가 사방으로 가로막혀 어느 곳으로 가야할지 알지 못할 때, 치열한 직장 속에서 살아남아야 할 때, 가정이 깨어져 행복이 산산조각 날 때, 경제적인 궁핍함 속에 한 가정의 가장으로 외롭고 힘겹게 서 있을 때, 사업에 실패해 빚더미 위에 나 앉았을 때, 믿었던 자신의 건강에 적신호가 올 때, 혹은 사랑하는 사람을 먼저 떠나보내는 슬픔과 아픔에 거할 때 사람들은 인생이 결코 만만치 않고 더 이상 혼자 힘으로 버틸 수 없다는 것을 느끼게 된다. 그리고 저마다 인생의 위기 속에서 무언가 의지할 대상을 찾고자 한다.

실제로 늦은 나이에 신앙을 가지게 된 사람들과 대화를 하다보면 이들 중 상당수가 삶의 위기나 어려움 속에서 하나님을 찾게 된 것을 발견하게 된다. 그리고 그 중에서도 상당수가 과거에 교회를 다닌 경험이 있다거나 혹은 친하게 지내는 사람들 중에 기독교인이 있어서 교회나 기독교에 대해 비교적 긍정적이고 친근한 느낌을 가지고 있었다는 것을 발견하게 된다.

미국의 교회 전반적인 영역에서 컨설팅을 수행하는 라이너 그룹의 회장이며 복음사역자인 톰 S. 라이너의 '우리가 교회 안 가는 이유'라는 책에서 역시 비신자를 다섯 단계로 구분하고 있는데 우리 책에서 말하는 비신자 유형 마지막 단계를 U1이라는 이름으로 명칭하고 있다. 그의 저서에 따르면 U1은 대부분 교회에 다닌 적이 있으며 주일학교에 대한 좋은 기억을 간직하고 있으며 교회에서 긍정적인 경험을 가지고 있는 그룹이라고 표현하고 있다. 또한 천국과 지옥이 있다고 믿으며 구원에 대해서도 혼합적 관심을 보인다고 한다.

즉, 이러한 유형의 사람들은 복음에 매우 열려 있는 사람들이며 어떤 기회가 닿았을 때 기꺼이 교회의 초청에 응할 수 있는 사람들이라는 말이다. 교회를 다닌 기억이 있지만 바쁘게 혹은 버겁게 살아가다보니 어느 순간부터 자연스럽게 교회를 떠나게 되었다. 하지만 어쩌다 교회를 떠올리면 가슴 따뜻함이 묻어나고 기회가 되면 돌아가야지 라는 마음을 품고 사는 사람들이다. 그 중에는 순남씨처럼 극한 삶의 버거움이 계기가 되어 교회를 찾는 경우도 자주 볼 수 있다.

특별히 이러한 유형의 사람 중에 현재 극한 삶의 어려움을 겪고 있는 사람들의 공통된 마음이 무엇일까?

그것은 한계에 다다랐음을 인정하는 자기포기의 마음이다.

지금까지는 자신의 힘과 의지로 인생을 살아갈 수 있었는데 이제 더 이상은 할 수 없음을 깨닫는 것이다. 이 방법, 저 방법 다 써 봐도 살아갈 길이 보이지 않는 것이다. 시간이 지날수록 몸도 병들고 마음도 늙어 가는데 세상을 살아갈 용기가 생기지 않는다. 눈을 씻고 찾아봐도 현실의 암담함을 뚫고 나갈 재간이 없다. 현실의 거대한 벽에 끼어 자신이 점점 더 프레스 되어져 가는 것 같다. 그러할 때 비로소 드는 생각.

'내 힘만으로 살아갈 수 없구나. 하나님 제발 도와주세요.'

몇해전에 처음 알게된 지형씨는 중,고등학생 때까지 열심히 교회에 다녔다. 교회 학생부 회장까지 하며 교회 일에 헌신적이었으며 매 수련회 때마다 하나님의 은혜에 감격해 눈물, 콧물 흘리며 기도하며 밤을 새우기도 했었다. 하지만 대학교 진학한 후 달라졌다. 대학생활은 너무 재미있었다. 술과 담배, 자유로움, 화려함이 있었다. 처음에는 마음 가운데 '이렇게 막 살아도 되나' 싶어 죄책감이 들었는데 시간이 지날수록 마음도 무디어 지고 오히려 교회 다니는 것이 시시하고 낯설게 느껴졌다. 그리고 교회에 더는 발걸음을 하지 않았다. 그렇지만 기독교에 대해 부정적인 감정이 있는 것은 아니었다. 예전만큼은 아니지만 그래도 희미하게나마 하나님의 존재를 확신하고는 있었다. 그저 지금 교회 다니지 않는 것은 굳이 교회 다니지 않아도 별다른 불편함도 없었고 뚜렷한 동기도 없었기 때문이다. 바로 얼마 전에 뜻밖의 일을 당하기 전까지는 말이다.

어머니가 언제부터인가 계속된 두통과 구토증상을 보여 불안한 마음으로 검사를 받았는데 악성 뇌종양이라는 청천벽력 같은 진단을 받게 된 것이었다. 그날 이후 지형씨는 책이든 인터넷이든 할 것 없이 뇌종양에 관한 정보라면 무조건 알아보고 다녔지만 별다른 뾰족한 수가 없었다. 오히려 마음에 불안함만 커져갔다. 치료받느라 고통을 호소하는 어머니를 보면 가슴 아픔과 두려움은 이루 말할 수 없었다. 가족들 아무도 극단적인 결과는 언급조차 하지 않았지만 이미 모두의 표정 속에서는 슬픔과 두려운 기색으로 가득했다.

'저러다 혹시 어머니 잘못되면 어떡하나?'

그렇게 불안함으로 하루하루 마음을 누르고 있을 때 결혼을 약속한 여자친구가 진지하게 말을 꺼내는 것이었다.

"지형씨! 우리 같이 기도를 해보면 어떨까?"

모태신앙이기는 하지만 현재 교회를 다니지 않는 여자 친구의 입에서 그런 말이 나올 줄은 몰랐다. 하지만 그 말을 듣는 순간 기도는 선택이 아니라 절대 절명의 필수처럼 느껴졌다. 사실 기도 외에 달리 할 수 있는 게 없었다. 어머니를 살릴 수만 있다면 몇 백번 기도를 해서라도 하나님께 정말 매달리고 싶었다.

그 후 지형씨는 여자친구와 함께 다시 교회에 나오게 되었다.

중요한 것은 삶의 고통 가운데 거한 사람들이라면 누구나 할 것 없이 자신의 문제에 대한 절박함이 있다는 것이다. 이들에게는 그야말로 지푸라기도 잡고 싶은 심정이다. 과연 이들에게 어떻게 다가서야 할 것인가?

우선 이들과 대화중에 상호간에 깊고도 진심어린 공감이 이루어져야 한다.

이들에게 무엇보다 필요한 것은 상대방의 마음을 진심으로 이해하는 공감의 능력이다.

공감은 한사람의 일방적인 태도로 이루어지는 것이 아니다. 상대방과 이야기를 나눌 때 자기 이야기를 해주어라. 비슷한 경험이나 감정을 진심으로 나눈다면 자연스럽게 공감의 분위기가 만들어 질 것이다.

뿐만 아니라 서로 공감을 하는데서 그치는 것이 아니라 자연스럽게 신앙적으로 접근시켜 어떤 분명한 확신을 전달해 주라.

현재 고통 가운데 있는 사람들은 아마도 다른 해결 방법을 찾고자 노력도 해 봤을 것이고 다른 사람들에게 그 아픔을 호소도 해 봤을 것이다. 하지만 마지막에 돌아오는 것은 결국 자신의 몫이고 자기가 책임져야 할 부담임을 재확인하게 된다. 예를 들어 지형씨처럼 아무것도 할 수 없는 현실 가운데 기도라도 해야 한다는 생각을 발견하자 새로운 희망을 품게 되는 것이다. 하나님을 믿는 믿음 안에서는 현재의 고통을 감당할 수 있고 새로운 소망을 찾을 수 있다는 분명하고도 확신에 찬 메시지를 전해 주어야 한다.

또한 이들이 교회에 나오고 적응하기까지 기꺼이 시간을 내주고 함께 움직여 주며 진심어린 선한 행동을 보여주라.

앞서 이야기한 순남씨의 경우 그녀의 분식집에 자주 들리는 교회 권사님 한 분이 계셨다. 그 권사님은 진즉에 순남씨의 사정을 알고는 늘 교회 다녀보라고 권유했다. 순남씨는 듣기 불편했지만 그래도 평소친분이 있어 그냥 수긍하는 시늉만 할 뿐이었다. 어느 날 순남씨 둘째 아들 가정에 그리 큰 액수는 아니지만 그래도 급하게 쓸 돈이 필요했는데 순남씨 역시 사정이 뻔해 어쩌지도 못하고 있었는데 그 사정을 들은 권사님이 며칠 후 그 돈을 마련해 순남씨의 손에 얹어 주는 것이었다. 그 권사님도 그리 형편이 좋아 보이지는 않았는데도 말이다. 그때의 고마운 마음이 그녀의 마음을 여는데 결정적인 계기가 되어 교회에 나오게 된 것이었다. 그 후에도 그 권사님은 그녀가 교회에 잘 정착하기까지 매주일 시간을 보내주며 또 매일 분식집에 찾아와 다정한 말벗이 되어 주고 있다.

살면서 닥치는 위기나 고통 앞에 사람들은 한없이 무기력해 진다. 아무리 정신력으로 강하게 무장한 사람이라 하더라도 어떤 인생의 문제 앞에서는 무기력하게 쓰러질 수밖에 없는 상황도 있다. 바로 그것이 인간의 한계이다. 하지만 바로 그 한계점에 이르렀을 때 하나님은 그 사람을 만나길 원하시며 새로운 소망을 주며 이제는 하나님의 능력을 의지하라고 말씀하신다.

시편 46:10절에 "너희는 가만히 있어 내가 하나님 됨을 알지어다." 라고 말씀하고 있다. 여기에서 '가만히 있어'라는 성경의 원어는 vacate 인데 바로 여기에서 Vacation이라는 단어 즉, 휴가라는 말이 파생되었다. 하나님은 우리가 이 세상에서 우리 힘을 의지하며 강한 자로 살아남기를 원하지 않으신다. 오히려 하나님이 능력을 보일 테니 제발 가만히 있으라고 말씀하신다.

때로 인생을 살면서 고난의 문제로 삶이 버겁고 절박해 질 때 영혼을 부르시고 휴식을 주시며 대신 세상 가운데 능력을 보이겠다는 하나님의 강한 팔을 의지해 보자.

가고는 싶은데
바빠서요

5

비신자 유형의 마지막 단계 사람들은 기독교에 대해 상당히 열린 마음을 가지고 있다.

이들은 대체로 교회에 대해 긍정적인 느낌을 가지고 있다. 상당히 열린 마음을 가지고 있는 일부 사람들은 구원과 영생의 개념을 이해하고 있으며 심지어 혼자서 기도생활을 하고 있기도 하다. 또한 교회 가지 않는 이유에 대해 다른 환경을 탓하는 것이 아니라 자신에게 이유를 들고 있다. 언젠가는 교회를 가야하는 생각을 가지고 있으며 심지어 자신의 우선순위가 잘못 되어졌다고 인식하기도 한다.

5단계 유형은 기독교인에 대한 좋은 역할모델을 가지고 있었거나 어린시절부터 교회에서 안정되게 잘 보냈지만 어떤 시점부터 교회를 떠나게 되었거나 모태 신앙이었지만 성인이 된 후 부모님의 뜻으로부터 분리를 이룬 일부 사람들에게 주로 발견되어지기도 한다. 한마디로 기독교인이라고 말하기엔 몇 십프로 즈음 부족해 보이지만 기독교인이 될 가능성이 가장 큰 유형이다.

하지만 그럼에도 불구하고 이들이 교회 다니지 않는 이유가 무엇인가? 여러 가지가 있을 수 있지만 그 중에 한 가지가 바쁘다는데 이유가 있다.

실제적으로 미국 교회의 전반적인 영역에 대해 컨설팅을 수행하는 라이너 그룹에서 이들이 교회에 가지 않는 이유에 대해 설문 조사를 했다. 그 중에 46%로 가장 많은 비율을 차지하고 있는 것이 바로 '너무 바빠서 교회 가지 못한다'는 것이었다.

무슨 말이냐면 과거에 교회에 관한 좋은 경험도 있었고 앞으로 교회 나올 의지도 있으며 심지어 구원이나 영생에 관해 관심까지 보일 정도로 교회에 열려 있는 사람이 현재 교회에 나오지 않는 이유가 너무 바쁘다는 이유를 들고 있다는 말이다. 이것은 비단 청교도 정신을 나라의 근간으로 한 미국적인 상황에서만 적용되어지는 것은 아니다. 한국교회 불신자 전도전략에 대한 연구 보고서인 '불신자들이 호감가는 교회'라는 책을 보면 개신교를 선호하는 불신자들의 25.9%가 '시간적 여유가 없다'라며 교회 나가는데 방해 이유가 된다고 말하고 있는 것이다.

현대인들에게 자주 들을 수 있는 '바쁘다'는 말은 문자 그대로 '스케줄이 꽉 차 있어서 다른 것을 할 만한 시간적인 틈이 없다'라고 이해될 수 있지만 이것은 비단 육체적인 바쁨만이 아닌 정신적인 여유없음과 바로 연결되어져 있다. 즉, 시간도 없을 뿐 더러 마음을 쏟을 만한 정신적인 여유도 없다는 것이다.

이들이 생각하기에 교회 나가면 좋은 말씀도 듣게 되고 인격 수양에도 좋고 또 내 영혼에 만족을 주며 정말 그것이 사실이라면 죽음 이후에 천국 보장도 받을 수 있다는데 별로 마다할 이유가 없다. 언젠가는 그렇게 유유자작 교회 생활을 하며 살고 싶다.

하지만 지금 느끼고 있는 삶의 중압감, 피곤함, 여유없음 앞에 일주일에 하루, 아니 단 한 시간이라도 교회를 다니느라 내 시간을 뺏기고 싶지 않다. 그럴 바에 한 시간이라도 더 부족한 잠을 보충하고 싶고 멍하니라도 좋으니 혼자만의 시간을 가지고 싶다.

이들에게 자신만을 위한 잠깐의 여유는 사막의 오아시스같이 시원하고 팽팽한 삶의 압력으로부터 자신을 해방시켜준다. 교회에 다니는 것은 은퇴 이후에 혹은 자식을 다 키워놓고서도 해도 늦지 않을 거라 생각한다.

실제로 바쁜 일상 속에서 사람들이 느끼는 삶의 중압감은 대단히 크고 부담스럽다.

예전에 내가 알고 있는 어떤 형제는 주일마다 트레이닝복을 입고 오는데 그가 하는 말이 "토요일까지 넥타이 매고 생활 하는데 주일마저 정장을 입어야 한다면 정말 미쳐 버릴 것 같습니다."라고 말하는 것이었다. 또 다른 자매에게는 "한 달의 휴가가 생기면 뭘 하겠냐?"고 물었더니 생각 할 것도 없이 "두 주 동안은 잠만 자고 싶어요."라고 말하는 것이었다. 현대를 살아가고 있는 사람이라면 누구라도 공감할 말이다. 그만큼 사람들에게 바쁘고 빡빡하게 살아가는 일상적인 삶의 압력은 대단히 부담스러운 것이다.

이들에게 일주일 중 단 하루 그것도 가족들의 등살에 겨우 몇 시간 눈치 보며 누릴 수 있는 그 자유와 여유로움을 교회에 나가야 한다는 이유로 포기하고 싶지 않은 마음은 피곤한 현대인들에게 당연한 마음이다. 하지만 그럼에도 불구하고 이불을 꽁꽁 둘러싸며 멍하니 TV를 보며 긴장을 풀고 있는 이들의 걸음을 어떻게 교회로 이끌어 주어야 하는가?

우선 이들이 살고 있는 라이프스타일을 인정해 주고 진심으로 이해해 주라.

앞서 이야기 했던 것처럼 바쁘게 살아가는 현대인들에게 무엇보다 필요한 것은 쉼이며 여유이다. 이들에게 주어진 바쁜 스케줄과 거기에서 오는 중압감 그리고 단 몇 시간의 게으름 부리고 싶은 마음을 이해해 주어야 한다. 누구보다 휴식이 필요한 사람이니깐.

그리고 동시에 교회가 또 다른 부담을 주는 곳이 아닌 진정한 쉼과 휴식을 줄 수 있는 곳임을 알려주라.

동시에 이들에게 복음의 긴박성을 일깨워 줄 필요가 있다.

이러한 유형의 사람들은 복음에 대해 거부하지 않는다. 오히려 복음에 부합해서 살아가지 못하는 자신을 돌아보며 늘 마음에 부담을 안고 있다. 마치 끝내야 할 숙제가 밀려있는 것처럼 말이다. '언젠가는 가야지…' '지금 좀 바빠서…' '하나님도 내 사정을 안다면 이해 해 주실 거야'라는 이유로 자신의 마음을 달래고 있을 뿐이다. 바로 그렇기 때문에 더더욱 이들에게 복음의 긴박성을 일깨워 주어야 한다.

개구리가 서서히 데워지는 냄비에서 죽어가는 것처럼 짧은 인생을 살면서 부지불식간에 복음으로부터 떨어져 나갈 수 있음을 알려 주어야 한다.

최근에 32세의 한 형제를 만나서 진지하게 대화를 나눈 적이 있었다. 그 형제는 모태신앙으로 자라왔지만 인격적인 예수님을 만나지 못해 20대 초반부터 교회 밖에서 방황을 많이 했다. 하지만 늘 자신의 삶에 대한 분명한 이유를 찾고자 하는 구도자적 성향이 강한 형제였다. 몇 해 전에 어떠한 계기로 교회에 나오게 되었지만 일요일에도 자주 당직을 서야 하는 직업 특성상 꾸준히 교회에 나올 수가 없었다. 처음에 몇 번 나오는가 싶더니 어느 순간부터 교회에 나오지 않는 것이었다. 일종의 5단계에 속하는 형제였다.

그 형제와 한참 대화를 나누면서 알게 된 중요한 사실은 그가 모태신앙이라는 배경을 가지고 있었음에도 불구하고 그가 믿는 신앙의 본질 즉, 기독교의 핵심 내용을 가슴깊이 이해하지 못하고 있다는 것이었다. 그에게 예수님이 당신을 위해 십자가에서 돌아가신 사실을 믿는냐고 묻자 어렸을 때부터 배워 와서 그렇다는 것은 알지만 그것과 자신이 무슨 관계가 있는지 솔직히 잘 모르겠다고 대답을 하는 것이었다. 그 형제와 한참을 대화를 나눈 후 마지막에 다시 한번 원초적인 복음을 제시하자 혼란스러워 하던 그 눈빛이 진리에 대한 깨달음으로 갑자기 생기를 띄는 것이었다. 그는 헤어질 때 이런 말을 했다.

"목사님! 제가 그동안 방황한 이유를 알 것 같아요. 다시금 한 걸음 나아갈 계기를 찾은 것 같습니다."

그 형제는 그동안 십자가를 통한 하나님의 사랑을 알지 못했다. 그저 삶의 어려움을 통해 자신을 심판하고 있다고 느끼는 공의의 하나님만 알고 있었던 것이었다. 그에게 십자가의 사랑을 증거 하자 강한 깨달음으로 반응 하는 것이었다. 성령이 함께 하시면 이와 같이 복음증거를 통해 이들을 신앙으로 이끌 수 있다.

사실상 바쁜 것은 문제가 되지 않는다. 피곤한 것도 문제가 될 수 없다. 거대한 진리의 깨달음 앞에 그것은 사소한 이유에 지나지 않는다.

예전에 TV를 보다가 인상적인 장면이 있었다. 모회사의 드링크에 관한 CF였는데 멋진 정장차림의 여비서가 혼자 있을 때 트로트 음악이 나오자 신나게 몸을 흔들어 대다가 아무 일도 없었다는 듯이 다시 자세를 고치고 앉는 것이었다. 마지막에 뜨는 문구가 기가 막혔는데 바로 '당신의 비타민은?' 이었다.

바쁘게 살다가 겨우 얻게 되어지는 그 몇 시간의 여유로움 앞에 사람들은 맥없이 무너지고 있다. 그래서 눈이 빨개질 때까지 텔레비전에 집중하고 있거나 다시 찾아오는 월요일이 부담스러워 무엇을 해서라도 일요일 밤의 끝을 잡고야 마는 아쉬운 마음이 있다. 하지만 결국 또 다른 피곤함에 쌓여 숨가쁜 일주일의 삶을 허덕거리며 살고 악순환한다.

바로 그 여비서의 비타민은 트로트였듯이 우리의 비타민인 하나님과 교제하며 누리는 참된 안식만이 바쁨과 여유없음에 허덕이는 이들에게 새로운 힘을 재생산하게 해 줄 것이다.

외로움

5

성경에 삭개오라는 사람이 나온다. 그 내용은 누구나 익히 알고 있을 것이다.

어느 날 이 말씀을 묵상하는데 문득 삭개오의 입장이 되어 보았다. 성경에 표현하듯이 그는 세리장이며 부자이다. 하지만 그는 그 시대 사람들로부터 죄인이라는 소리를 들을 만큼 멸시와 미움의 대상이었다. 바로 그는 동족의 세금을 끌어 모아 로마에 갖다 바친 데다가 그 세금의 일부를 자신의 부를 축적하기 위해 착복해 왔기 때문이다. 우리역사의 일제강점기로 치자면 나라를 팔아먹는 매국노, 혹은 일본 앞잡이라는 소리를 들었을 것이고 요즘으로 치자면 국민의 피 같은 세금을 수시로 탈세한 죄인일 것이다. 결국 그는 사람들로부터 부자라는 소리는 듣게 되었지만 아무도 그에게 진심어린 인격적인 대우를 하지는 않았을 것이다. 그래도 나름대로 돈과 직위가 있는지라 대놓고 무시할만한 발언을 하지는 않았겠지만 그의 뒷전에 대고 사람들은 수군수군 댔을 것이며 그가 지나갈 때 마다 무시하는 눈빛과 무언의 적대감을 가지고 있었을 것이다. 아마도 유독 키가 작은 것도 이유 중의 하나가 되었을 듯 싶다.

사실 그는 외로웠을 것이다. 동족으로부터 나라를 팔아먹는 매국노라는 소리를 듣는 그에게 그 누구도 친구가 되어주지 않았을 것이다. 아니 말 섞기조차 싫을 만큼 그는 동족에게 사람 취급을 받지 못했을 것이다. 돈의 노예로 살아가나 철저히 고립된 그의 모습은 사실 슬픈 인간의 자화상이다.

어느 날 그는 예수에 관한 소문을 들었을 것이다. 아마도 예수라는 분은 가난한 자, 병든 자, 소외 받는 자, 창녀 그리고 죄인까지도 마다치 않고 기적을 베푸시고 친구가 되어주신다는 소문 이었을 것이다.

'예수… 도대체 어떤 사람일까?'

키 작은 삭개오. 사람들의 인파를 뚫을 수 없어 결국 뽕나무 위에 올라갈 정도로 열심을 냈다. 순간 예수님과 눈이 마주치고 "삭개오야, 오늘 너희 집에 유하겠다."라는 예수님의 말을 듣는 순간 그는 기쁨과 감격의 흥분을 감출수가 없었다.

'아무도 나를 사람 취급 해 주지 않았는데, 아무도 나의 초대에 진심으로 응해 준 사람이 없었는데… 많은 사람들의 관심과 존경을 받고 있는 예수님이 다른 사람도 아닌 바로 나를 지목했어.'

처음으로 누군가에게, 그것도 아주 대단한 사람에게 자신의 존재가 받아들여진 것이었다. 그 후 이웃에게 자신의 재산을 나누고 토색한 걸 4배나 갚겠다는 결단은 순식간에 그리고 자연스럽게 이루어졌다. 예수님으로 인해 행복해진 삭개오. 그의 삶에 엄청난 변화가 일어난 것이었다.

이러한 유형의 일부 어떤 사람들은 삭개오와 비슷한 점을 가지고 있다. 외로움의 문제를 안고 있으며 예수님에 대한 관심으로 어느 정도의 적극성을 보이다가 예수님이 내민 손길을 덥석 잡게 된다는 것이다. 아니 어쩌면 이 유형의 사람들은 예수님 자체에 대한 관심보다 자신이 속하고 싶은 교회 공동체에 대한 관심이 더 클 것이다.

몇해 전 대만 선교 중 현지에서 만났던 한 사람이 있다. 노방 전도를 하면서 만났던 학생인데 사영리를 전하며 영접기도까지 시켰는데 이상하게 가지 않고 계속 내 주변을 맴돌고 있는 것이었다. 처음에는 나를 외국인이라 생각해 단순한 호기심에 그런가 싶었더니 나중에 다른 사람을 통해 이야기를 듣게 되었다.

이 친구는 내성적인 자신의 성격 때문에 주변에 친구들이 거의 없었던 것이었다. 게다가 부모님은 자신이 어렸을 때 이혼을 하셨고 어머니는 그 후 전적으로 생계에 매달리다 보니 자신을 제대로 돌보지를 못하셨다. 그는 직접적으로 외롭다 말하지는 않았지만 이미 그 사연만으로도 그가 얼마나 외롭게 살아왔을지 짐작이 되어졌다.

그러다 어느 날 한국 사람들이 자신이 살고 있는 지역에 찾아와 시종일관 따뜻하고도 진지한 얼굴로 말을 건네는데 그 모습이 너무 좋았다는 것이었다. 그래서 표현은 못하겠고 그저 몇몇 선교대원 주위를 맴돌면서 조금 더 적극적으로 자신을 끌어 주기를 기다렸다는 것이었다. 그의 표정 속에 우리와 함께 교제를 하고 싶은 모습이 역력해 보였다.

일본선교를 하면서도 너무나 외로웠던 한 중년의 가정주부가 몇 해 동안 반복적으로 자신을 잊지 않고 자신의 집에 방문해 준 선교 대원들의 지극함과 따뜻함에 지독한 외로움을 털고 교회 공동체를 찾게 된 사례도 있다.

사실 선교를 하다보면 이런 경우를 자주 보게 되어 진다. 그것은 대만이든 일본이든 어느 나라든 가리지 않는다. 누군가가 보다 더 적극적으로 자신을 끌어 주기를 원하며 그곳이 진리의 자리라면 더 좋을 것이라 생각한다.

사람들은 누구나 외로움을 가지고 살아간다.

자신의 속마음을 어디 하나 털어 놓을 데가 없어 외롭고, 함께 밥 먹을 사람이 없어 외롭고, 다들 누군가 하나 즈음은 기댈 언덕이 있어 보이는데 나 혼자 멀뚱하게 서 있는 거 같아 외롭다. 사람들은 그렇게 외로움을 타는 나를 보며 무시하고 비웃는 것 같아 그 외로움을 전혀 내색할 수 없다. 오히려 도도한 척, 의연한 척, 쿨한 척 하고 살아가야 스스로가 비참하지 않기 때문이다. 마치 물질과 지위로 스스로의 위안을 삼았던 삭개오처럼. 어쩌면 삭개오는 하나님과 관계가 끊어져 결핍을 필연적으로 느끼는 인간의 보편적인 모습일 것이다.

이들은 자신의 외로움을 들키지 않기 위해 다른 것으로 철통 무장 하지만 사실은 누구보다 자신이 속할 따뜻한 공동체를 원하고 있다.

언뜻 보았을 때 이 유형의 사람들은 모든 불신자 유형 중에서도 최고의 전방에 자리하고 있다 생각할 것이다. 하지만 영혼을 하나님께로 이끌어 감에 있어서 결코 쉬운 것은 없다. 물론 대만에서 만난 형제처럼 먼저 접근 해 주기를 적극적인 자세로 기다리는 사람도 있지만 보통은 어지간히 외롭지 않고서야 소극적인 자세를 보이기 마련이다.

사람들은 유독 자신의 외로움을 누군가에게 보이고 싶어 하지 않는다. 그것은 자신의 가장 연약한 부분을 노출시키는 것이기에 자신의 자존심을 구기는 것이며 굴욕적으로 생각하기 때문이다.

그렇기 때문에 이들에게 다가서기 전 무엇보다 중요한 것이 기도이다.

늘 외롭다 보니 오히려 이제는 외로움이 익숙해지고 더 편해진 이들의 마음에 하나님을 향한 갈증을 달라고 기도해야 한다. 성령의 도우심에 의해 그 사람을 향한 사랑과 그의 깊숙이 숨겨진 내면을 터치할 만한 말이 떠오른다.

또한 그 영혼이 온전히 교회 공동체에 속하기 까지 변함없는 따뜻함으로 인내하고 기다려 주며 부드러운 적극성으로 리드해 주어야 한다.

35세의 주영자매는 지방 도시에서 어린 시절 부터 교회를 다녀왔지만 서울로 대학을 진학 한 후 학교 근처에 있는 교회에 뜨문뜨문 나가다가 어느 순간부터 완전히 교회를 다니지 않게 되었다. 하지만 그녀에게 기독교는 그리 멀게 느껴지지 않았다. 지금은 비록 이렇지만 언젠가는 돌아갈 곳이라고 막연히 생각은 했다. 졸업 후 회사에 입사해 만난 사람이 있었는데 결혼까지 약속하며 오랜 세월 교제를 해왔다. 하지만 결혼까지 약속한 그와 헤어지고 나서 엄청난 상실감과 외로움에 빠지게 되었다. 늘 옆에 있었고 함께 해왔던 그와 헤어지고 나서야 그 자리가 얼마나 큰지 뼈에 사무치게 절감했다.

'그는 떠났어. 더 이상 나와 함께 있지 않아.'

처음에는 그의 이별통보에 반쯤 넋 나간 사람처럼 살았다. 자신이 버려진 사람이라는 생각에 하루 종일 울고 자신의 무능함을 자책하며 또 울고 도대체 감정 조절이 되지 않았다. 그러다가 조금씩 안정을 찾아갔다. 아니 안정 이라기보다는 현재의 기억과 시간이 빛바래지고 흐릿해 지는 기분이었다. 무엇을 해도 의미가 없고, 의욕도 없고 더 큰 문제는 지독한 외로움. 함께 해 왔던 세월이 얼만데…

그러다가 주영씨는 회사에 있는 같은 부서 언니의 도움을 받게 된다. 그 언니는 주영씨와 함께 밥을 먹어주고 같이 퇴근해 주고 그녀의 넋두리를 들어주며 친구가 되어주었다. 사실 주영씨는 오랜 세월 사내에서 알려진 커플이었기에 둘 사이에 다른 동료들이 낄 자리가 없었다. 그래서 어쩌면 그와 헤어진 후 더 외로웠는지 모른다. 그런 그녀에게 따뜻한 친구가 되어준 부서언니가 한없이 고마워진다. 그리고 언젠가 언니로부터 전해들은 초대의 자리.

"주영아! 우리 교회에 같이 갈래? 네가 예전에 교회 다닌 적도 있고 마음이 많이 외롭고 힘들 때 말씀 들으면 힘이 될 것도 같아. 그리고 새

로운 사람들도 사귀면 훨씬 좋지 않을까? 부담스럽지 않으면 같이 가
자."

'그래… 사실 교회를 싫어했던 건 아니다. 그동안 바빴고 어느 순간
기회를 찾지 못했다. 언니 말대로 말씀 들으면 왠지 위로를 받을 것 같
다. 다른 사람은 몰라도 하나님은 내 외로운 마음을 이해하실 수 있을
것 같아.'

그동안 심적 고통이 너무 심했던 주영씨는 며칠 만에 결단을 내리고
교회에 나오게 되었다. 나중에야 그 언니가 자신을 위해 계속 기도하고
있었던 것을 알게 되었다.

우리나라 유명한 한 시인은 인간의 외로움에 대해 그것은 당연한 인
간의 마음이라 표현하고 있다. 하지만 그 외로움을 극복하는 방법은 바
로 사랑을 하는 것이며 마음속에 사랑이 없기 때문에 외롭다고 표현하
고 있다.

적극적이든 소극적이든 누군가 외로움을 호소하고 있다면 오래도록
다정한 친구가 되어주라. 그리고 그의 마음에 진실로 사랑할 대상을 알
려주어 더 이상 그를 외롭지 않게 하라. 그 사랑할 대상은 바로 영원토
록 변하지 않는 하나님이시다.

미래 성도를 위한
Action Plan

1. 공감의 능력

이들은 기독교에 매우 열려있는 유형이다. 청교도 문화가 바탕이 되어진 미국적인 상황에서는 교회 생활을 하지 않으면서도 기도생활을 한다거나 하나님을 믿는 5단계 사람들이 많이 있겠지만 우리나라에서는 주로 절박한 상황, 병마, 고통, 외로움의 문제 앞에서 신을 의존하고자 하는 5단계 유형의 사람들이 많이 있다. 그렇기에 이들은 저마다 하고 싶은 말이 많다. 이들을 향해 무엇보다 필요한 자세는 이들의 절박한 마음을 읽어 주고 함께 아파해 줄 수 있는 공감어린 마음이다. 이렇게 공감의 능력이 발휘 되어질 때 이들은 더욱 마음을 열고 전도자의 말에 귀를 기울이기 시작 할 것이다.

2. 복음 증거

이들은 자신을 당장이라도 붙잡아 줄 강력한 그 무엇을 원한다. 만약 이들의 이야기를 듣고 단순히 공감하는데 그친다면 이들은 또다시 답이 없는 현실 속에 혼자서 헤쳐 나가야 한다는 부담으로 상당한 절망감을 느낄 것이다. 이들에게 새로운 희망을 줄 수 있는 긍정적인 위로와 함께 복음을 증거 하라.

3. 기다려 주기

이들이 기독교에 호감을 보이면 전도자들은 마음이 바빠진다. 빨리 교회로 이끌어야겠다는 생각이 들어 교회 오겠다는 이들의 약속을 받아내기 바쁘다. 물론 전도자의 적극적인 태도에 기다렸다는 듯이 반응하는 사람들도 있지만 어느 정도 기다림을 필요로 하는 사람들도 있다. 이미 복음을 증거 했고 상대가 긍정의 반응을 보였다면 너무 조급해 하지 말라. 이들이 확실한 5단계의 사람들이라면 길어봐야 몇 개월 되지 않아 스스로 교회에 나올 의사를 비칠 것이다. 그 대신 그 기간 동안 전도자는 계속된 관심을 보여야 하며 이들의 고민과 질문 앞에 신앙적인 권면을 충분히 해 주어야 한다. 이들의 마음이 충분히 익어졌다 싶을 때 교회에 함께 나갈 것을 권면해주라. 상대방이 충분히 준비 되었을 때의 권면은 이들에게 동기와 의지력을 다져준다.

4. 기도가 절대적이다.

기도의 중요성은 절대적이다. 한 사람이 교회 다니기로 마음먹은 것은 그저 한 사람의 교인이 늘었다는 정도가 아니다. 보이지 않는 영적 세계에서는 한 영혼을 향한 치열한 다툼이 일어나고 있다는 것을 전도자는 인식해야 한다. 5단계는 영혼탈환이 가장 근접하게 이루어지는 단계이기에 그 반대 공격도 만만치 않다. 영문도 모른 채 어느 순간 갑자기 마음을 바꾸거나 집안에 무슨 다급한 일이 생겼다거나 뜻밖의 반대 인물이 나타나서 이들의 행로가 막히기도 한다. 그러므로 무엇보다 필요한 것이 기도이다. 대상자를 놓고 개인적으로 기도하는 것도 중요하지만 자신이 속한 교회 공동체에 중보기도를 부탁하라. 합심해서 하는 기도가 더욱 강력한 힘을 발휘한다는 것은 두말하면 잔소리이다.